AF494695

E. MARTINENCHE

Molière

et le

Théâtre Espagnol

PARIS

LIBRAIRIE HACHETTE ET Cie

79, Boulevard Saint-Germain, 79

1906

Molière et le Théâtre Espagnol

E. MARTINENCHE

Molière

et le 

Théâtre Espagnol

PARIS

LIBRAIRIE HACHETTE ET C\u1d35\u1d49

79, Boulevard Saint-Germain, 79

1906

A M. Ferdinand BRUNETIÈRE

Mon cher Maitre,

J'ai eu le privilège d'entendre à l'École Normale votre cours sur l'histoire comparée des littératures de l'Europe. Le programme que vous nous avez tracé, vous seul pouvez le remplir. Je serais désolé qu'on jugeât sur un essai dont je connais toute l'imperfection de la valeur de votre méthode et de la portée de votre enseignement. Si je prends la liberté d'inscrire votre nom en tête de ce livre, c'est qu'une autre dédicace me paraîtrait une ingratitude et qu'il m'est doux de vous devoir autant de reconnaissance que de respectueuse admiration.

E. M.

PRÉFACE

Dans un ouvrage précédent (1) j'ai étudié la diffusion du théâtre espagnol en France sous Louis XIII et sous Louis XIV, et je me suis efforcé de préciser la nature de son influence sur la formation de notre tragédie. C'est son rôle dans l'œuvre de Molière, c'est-à-dire dans la création de notre comédie classique, que je me propose maintenant de mettre en lumière. Ce sujet surprendra peut-être. Bien des gens se demandent encore si Molière entendait l'espagnol. Pour les ôter de ce doute, je leur signale tout de suite quelques faits dont on reconnaîtra sans peine la vertu démonstrative. Il n'existe point au dix-septième siècle de traduction de *El desden con el desden*. Si l'on veut bien se reporter à cet original,

(1) *La Comedia espagnole en France de Hardy à Racine*. Paris, 1900.

on n'aura pas de peine à reconnaître que l'auteur de la *Princesse d'Elide* a montré dans les scènes où il le suit de plus près une intelligence délicate du texte de Moreto. On ne rencontre ni chez les contemporains de notre grand comique ni dans les canevas italiens une imitation ou une adaptation de *El Marido hace mujer*, et c'est cependant Mendoza (j'en donnerai la preuve) qui a fourni les plus utiles des indications mises en œuvre dans l'*Ecole des Maris*. Molière connaissait si bien l'espagnol qu'il est probable qu'il l'écrivait. Dans une note manuscrite du sieur du Tralage, on lit : «*Le Carnaval*, mascarade, 1675. Les vers françois sont de... ; les vers espagnols sont de Molière» (1). Ces vers espagnols sont ceux qu'on a d'abord chantés dans la troisième entrée du *Ballet des Nations*, après le dernier acte du *Bourgeois gentilhomme*. Celui auquel on les attribue a composé la plus grande partie de son œuvre dans les années où la langue des deux reines de France fut le plus à la mode à Paris. Il est assez naturel de supposer qu'il n'éprouvait aucune peine à lire les

---

(1) Cf. le tome V de la Nouvelle collection moliéresque. Paris, 1880.

comédies espagnoles qui se trouvaient dans sa bibliothèque (1).

Il ne devait pas en éprouver davantage à entendre la troupe de Prado qui en 1660 vint à la suite de Marie-Thérèse s'installer à Paris. Sans doute, ces «comédiens de Castille», comme les appelle Loret en annonçant leurs débuts, ne semblent point avoir eu en France un succès bien considérable. C'est surtout que le gros public ne les comprenait point, et c'est aussi que leur spectacle offrait des couleurs trop spéciales et trop fortes à ceux-là même qui n'ignoraient point leur langue. Il n'en est pas moins certain qu'ils ont joué plus d'une fois leur rôle dans les représentations officielles et qu'ils n'ont quitté Paris qu'assez peu de temps avant la mort de Molière. Nous n'avons malheureusement aucun renseignement précis sur les diverses pièces qu'ils ont représentées. Nous savons seulement d'après Loret qu'ils étaient «tant comiques que sérieux» et qu'ils chantaient et dansaient des ballets. Cela veut dire qu'ils jouaient à Paris comme à Madrid des comedias dont les entr'actes étaient remplis par des *bailes* ou des

(1) Cf. EUD. SOULIÉ. — *Recherches sur Molière*, p. 92 et 269. Paris, 1863.

entremeses. C'est par eux, aussi bien que par les feuillets imprimés ou manuscrits qui avaient franchi les Pyrénées, que Molière a sans doute connu la farce espagnole.

Quels services pouvait lui rendre un théâtre étranger d'une aussi spéciale saveur? Pierre Corneille y avait entendu palpiter l'âme même de la tragédie ; mais nul n'avait réussi à en tirer une véritable comédie. Lorsque Molière paraît, voici la contradiction à laquelle se heurtent ses prédécesseurs. D'une part, personne ne met en doute la nécessité de respecter les fameuses règles dans la forme plaisante tout autant que dans la forme dite sérieuse du drame. Et, d'autre part, presque tous les auteurs se ruent à l'imitation tragi-comique ou burlesque des pièces les plus licencieusement irrégulières (1). Molière trouvait de l'Espagne dans la plus grande partie du répertoire de son temps, et, par son caractère, son esprit et son tempérament, il était bien l'homme de France le moins Espagnol qui se pût imaginer. Ne devait-il pas être entraîné à chercher ailleurs des modèles différents et plus conformes à ses goûts? Je

(1) Cf. les chapitres IV et V de mon étude sur *La Comedia espagnole en France*.

crois cependant et je vais tâcher de faire voir que la comedia n'a pas joué un rôle médiocre dans l'évolution de son génie. C'est qu'il ne l'a pas seulement connue par les adaptations des Thomas Corneille et des Scarron ou de ces copistes maladroits qu'il vaut mieux laisser à leur obscurité. C'est qu'il a su y découvrir ce que ne lui offraient ni la *commedia sostenuta*, rejeton épuisé de la comédie ancienne, ni la *commedia dell' arte* et la souplesse de sa pantomime, ni la vieille farce française qu'on ne jouait d'ailleurs plus. C'est qu'avec tous les défauts qu'on voudra lui reconnaître, la comedia avait une qualité qu'on ne pourra guère lui contester, et qui était la plus précieuse de toutes. Elle était la seule à manier parfois avec une force originale les véritables ressorts du drame moderne. Pour la création de notre comédie classique, et, avec elle, de la comédie européenne, ce n'était pas une rencontre inutile que celle du théâtre espagnol et du génie de Molière (1).

(1) Bien entendu, je ne m'interdirai pas, au cours de cette étude, de signaler les emprunts faits par Molière à la *novela* dont l'influence ne s'est point exercée dans un autre sens que le théâtre espagnol, et qui d'ailleurs renferme plus d'une fois des comedias ou des *entremeses*.

La comédie dans le théâtre espagnol

La comédie dans le théâtre espagnol

Le drame espagnol s'est constitué en réunissant en lui tous les contrastes de l'âme espagnole (1). S'adressant à un public populaire, il ne s'est jamais préoccupé de l'opinion des érudits. Dans la querelle qui s'est engagée entre eux en Espagne comme en France, les *anciens* ne font entendre qu'une voix grêle et sans écho, et les *modernes*, auxquels Lope de Vega fournit avec une inépuisable fécondité des exemples qui sont aussi des arguments, engagent une campagne bientôt triomphante contre les prétendues règles d'Aristote. Le poète, qui ne peut pas se passer des applaudisse-

(1) Dans le premier chapitre de mon livre sur *la Comedia espagnole en France* (Paris, 1900), j'ai étudié longuement les origines et les caractères de la comedia. Je renvoie le lecteur à ce chapitre et me contente ici de rechercher ce qu'on peut rencontrer dans le théâtre espagnol de plus particulièrement propre à la comédie.

ments des *mosqueteros* du parterre, ne se met point en peine de la distinction des genres et de l'unité du ton. Tout lui est permis, pourvu qu'il présente une peinture qui l'émeuve à la curiosité turbulente des spectateurs. Et voici que, sans contrainte et sans effort, dans le débordement magnifique d'une imagination désordonnée, naissent et pullulent des œuvres touffues et confuses où le sang coule et où le rire éclate, où s'entrecroisent tour à tour les épées et les bons mots, où les invraisemblances les plus folles se rencontrent dans les scènes les plus graves, où les plus burlesques élucubrations se mêlent aux situations les plus tragiques. Dans cette image si spécialement savoureuse des goûts et de la vie de l'Espagne d'alors, comment distinguer ce que le public ne séparait point ? Comment faire le départ entre ce qui convient à l'un ou à l'autre de ces deux masques antiques fondus en un seul dans les théâtres *de la Cruz* et *del Principe?* Où était la comédie dans la comedia ?

On peut tout d'abord laisser de côté dans l'énorme répertoire du drame espagnol de l'âge d'or deux genres qui n'ont cependant fourni ni les moins nombreuses ni les moins originales productions. Les *autos* et les *comedias divinas*, qui continuent la tradition des mystères et des miracles du moyen âge, ne se faisaient assurément aucun scrupule d'exciter aussi bien des rires que de religieuses émotions. Mais ce mélange, où se manifeste avec ingénuité la foi de l'Espagne catholique, aurait paru impie de l'autre côté des Pyrénées. Il ne semble pas que la France de Louis XIV ait jamais connu et fût capable de comprendre un spectacle où refleurissaient des allégories dont elle avait perdu le sens. La poésie de ce symbolisme lui aurait à peu près complètement échappé. Quant aux pièces tirées de la vie des saints, elle n'en a vu que l'image embellie et poussée au tragique que lui en ont une ou deux fois présentée Rotrou et Pierre Corneille. Elle n'aurait point supporté qu'une légende chrétienne devînt le sujet d'une comédie.

Les comedias qui mettent en œuvre en Espagne les traditions et l'histoire nationales ne se prêtaient pas davantage à une imitation plaisante. Leurs extraordinaires et sanglantes situations ne s'accommodaient que sur le sol même qu'elles avaient illustré avec les réalités les plus familières. C'était là une matière propre à l'épopée ou au lyrisme. Le génie de Corneille en avait dégagé une admirable tragédie. Une comédie étrangère n'avait rien à lui emprunter.

Que pouvait-elle demander à ces pièces romanesques où le poète se laisse aller à toutes les fantaisies de son imagination, ou encore à ces sortes de pièces à thèse qui enchevêtrent les plus étranges complications pour mettre en lumière une pensée ingénieuse? Il était assez difficile de transporter sur une autre scène toutes les folies d'une intrigue qui ne se noue souvent que pour le seul plaisir d'embrouiller tous ses fils avant de les dénouer. Tout au plus était-il possible à la comédie comme à la tragédie d'y chercher quelques thèmes propres à piquer la plus superficielle des curiosités. Le problème posé dans *l'En esta vida* de Calderon, qui n'a pas été inutile à l'*Héraclius* de Corneille, se prêtait sans effort à une solution amusante. Toutes ces réalités feintes et ces feintes qui deviennent des réalités montraient plus d'une fois sans nous coûter des pleurs qu'«en cette vie tout est vérité et tout est mensonge». Plus d'une fois aussi on entendait dans les plus invraisemblables situations des plaisanteries qui frappaient juste, et l'on voyait des peintures inattendues où le ridicule était saisi sur le vif. *La Venganza de Tamar* traite la Bible à l'espagnole, c'est-à-dire qu'elle prend avec elle les plus étranges libertés et qu'elle mêle à des péripéties assez dramatiques des scènes qui roulent sur un jeu de mots. On y rencontre pourtant le récit d'une consultation médicale, qui n'est évidemment pas à sa place à l'époque du roi David, mais où sont raillés avec finesse ces docteurs de Madrid qui, au temps de Tirso et de Molière, ressemblaient singulièrement (nous en aurons la preuve dans l'*Amour médecin*) à leurs confrères de Paris. Cet exemple est significatif, mais il demeure assez rare. Dans les *pliegos* qui, au XVIIe siècle, franchissent les Pyrénées, ce ne sont pas les pièces romanesques ou à thèse qu'on rencontre d'ordinaire. Le drame espagnol ne se répand en France que dans la seconde moitié de son âge d'or, au moment où il est passé de la période héroïque à la période ironique (1). Les deux espèces qui en sont alors à la mode, les deux seules qui semblent avoir exercé sur notre comédie une véritable influence, c'est la comedia de cape et d'épée, et c'est la comedia dite *de figuron*. L'une représentait, en les idéalisant, la vie et les coutumes de son pays et de son temps ; l'autre

---

(1) Sur la distinction et la nature de ces deux périodes, Cf. mon étude sur *la Comedia espagnole en France*, pages 127 et suivantes.

faisait tomber et retomber les rires en cascades sur le dos d'un personnage grotesque. Quelles ressources offraient-elles à l'imitation de nos poètes comiques?

Les contemporains de Molière qui ne pouvaient songer à reproduire les mœurs étrangères qu'elles peignaient se sont presque exclusivement attachés aux complications de leurs intrigues. Comment leur reprocher d'avoir fait, comme ils disaient, de «l'agrément du sujet» la condition essentielle de leur art? Le grand Corneille lui-même ne pensait point autrement quand il déclarait qu'il n'y avait rien de comparable à l'original de son *Menteur* «ni parmi les anciens, ni parmi les modernes». N'avoue-t-il pas en 1660 qu'il voudrait avoir donné les deux plus belles pièces qu'il ait faites pour que le *Menteur* fût de son invention (1)? Il faut d'ailleurs reconnaître que, plus aisément que la tragédie, la comédie pouvait plaire par l'éclat chatoyant d'une trame subtile. Il n'en est pas moins vrai que ne prendre dans la comedia de cape et d'épée que les moyens de donner l'illusion du mouvement dramatique, c'était l'imiter par le côté le moins original, et c'était aussi s'engager

(1) Cf. l'*Examen du Menteur.*

sur une route dangereuse. Tous ces contes d'amour et toutes ces ruses d'amants qu'on demandait à l'Espagne avaient d'abord fleuri dans la comédie et surtout dans la nouvelle italiennes. Est-ce à dire que Lope et ses disciples n'eussent rien ajouté à Boccace et à Bandello ? Ils avaient, au contraire, avec le même encadrement dessiné des broderies plus ingénieusement compliquées. Ils avaient imaginé des travestissements plus plaisants pour envoyer les amantes à la poursuite de leurs amants et les amants à la conquête de leurs amantes. Que de jolis visages ils avaient fait voir où la folie n'était qu'une malice et la maladie une feinte ! Que de dames ils avaient réduites à un servage passager ! Que de jardiniers dont les mains n'étaient pas calleuses ! Que de médecins dont la science datait d'une heure ! Toutes ces supercheries, si l'Espagne ne les avait pas entièrement inventées, elle les avait du moins adaptées à ses coutumes, et, en leur communiquant sa saveur propre, elle leur avait donné une plus romanesque complexité.

Comment les transporter, sous cette nouvelle forme, sur un théâtre français ? Elles perdaient leur raison d'être quand elles cessaient d'animer la peinture de mœurs pour laquelle elles avaient été conçues. Le public espagnol ne demandait aux divers épisodes de l'action ni beaucoup de logique ni même beaucoup de clarté. Leur extravagance convenait à des spectateurs qui se grisaient volontiers des rêves les plus fous. Mais ce qui était vérité au delà des Pyrénées devenait erreur en deçà Les intrigues de la comedia y pouvaient plaire un certain temps par l'incontestable charme de leur ingéniosité. Elles ne pouvaient s'acclimater dans notre comédie qu'à la condition de l'habituer à l'invraisemblance. Celles qui sont le moins irrégulières tombent peut-être plus encore dans une fausse et monotone convention. Assurément, quand on a lu les *Apparences trompeuses* ou les *Sœurs jalouses*, on trouve à *Peor està que estaba* ou à *La banda y la flor* une grâce délicate et une exquise fantaisie. Boisrobert et Lambert ont pourtant assez exactement suivi Calderon ; mais s'ils n'ont rien pu lui prendre de sa couleur et de sa poésie, c'est donc qu'elles n'étaient pas dans les complications de ses diverses scènes. Ces maisons à deux portes qui permettent des entrées et des fuites inattendues ; ces armoires qui s'ouvrent dans un mur pour laisser passer de jolis fantômes ; ces changements de domicile qui entraînent des confusions et des reproches qu'interrompent des querelles et des duels ; toutes ces combinaisons qui exigent, pour être possibles, qu'une personne ne soit jamais reconnue à sa voix et qu'une femme avec une mante sur la figure devienne une inconnue pour ses plus proches parents ; toutes ces situations dont s'amusaient les courtisans de Philippe IV ne permettaient d'offrir aux courtisans de Louis XIV que ce que nous appellerions des scènes de vaudeville. La parure que leur donnait Calderon était brillante et frêle comme l'aile du papillon ; elle n'aurait pas supporté le voyage de Paris. Ce n'est pas chez Molière une des moindres marques du génie que le dédain insouciant qu'il a montré à l'égard de ces enchevêtrements d'épisodes et de ces dénouements ingénieux où l'on voyait avant lui le plus bel effort du poète comique. La comedia lui procurera plus d'une fois des éléments utiles à l'action et un cadre commode pour la peinture des personnages ; mais, si son influence s'était réduite à une fourniture de thèmes d'intrigue, elle n'aurait joué qu'un rôle bien secondaire dans la formation de notre comédie (1).

(1) Dans *l'Étourdi* (IV, 1), Mascarille s'exprime ainsi :
   « C'est qu'en fait d'aventures il est très ordinaire
   De voir gens pris sur mer par quelque Turc corsaire,

De quelles sortes de comique donnait-elle des exemples? Il en est deux que les prédécesseurs de Molière avaient imitées sans se lasser. S'attachant, comme ils le faisaient, aux imbroglios les plus compliqués, ils étaient d'abord entraînés à demander une grande partie de leurs effets au «comique de situation». Ils en trouvaient dans les *pliegos* d'Espagne d'incomparables modèles. Que de fois le rire y jaillit à la vue d'une situation inattendue et n'est amené ni par une juste observation ni même par un mot piquant! C'est don Diego-don Dionis mis en présence des deux dames qu'il a séparément courtisées sous ses **deux** noms différents (1). C'est l'inépuisable série des confusions qui, de jour et surtout de nuit, embrouillent les rendez-vous et mettent brusquement dames et galants en présence de ceux ou de celles dont *ils* ou *elles* pensaient être le plus éloignés. Et c'est pour le public de Calderon ou de Rojas une

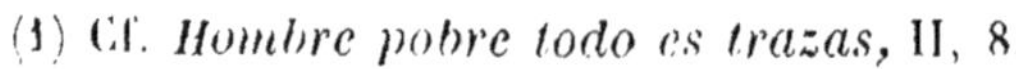

> Puis être à leur famille à point nommé rendus,
> Après quinze ou vingt ans qu'on les a crus perdus».

Ces aventures-là se rencontrent également dans la comédie italienne et dans l'espagnole. Pour ne citer que deux pièces connues de Molière, on les trouve à la fois dans *l'Inavertito* et dans *El perro del hortelano* (III, 4 et 12).

(1) Cf. *Hombre pobre todo es trazas*, II, 8.

joie que partagera après lui le parterre attiré par une affiche de Thomas Corneille ou de Scarron. De ce comique si cher à la comedia, Molière ne fera qu'un usage de plus en plus rare, et presque sous la seule forme du quiproquo. Si, de son temps, on le trouve en honneur au Palais-Royal, ce n'est pas dans sa troupe, mais chez les Italiens, et ce n'est pas à lui qu'il faut rattacher les traditions suivies encore par le Palais-Royal d'aujourd'hui.

L'auteur de la *Critique* n'a pas seulement négligé, il a aussi, et en termes formels, condamné le «comique de mots». C'était le triomphe de ses prédécesseurs. La verve de Scarron s'y était exercée avec une fécondité inépuisable. Dans le débordement de ses allitérations surprenantes, dans le cliquetis bouffon de ces rencontres verbales qui ne font rire que parce qu'elles sont «bêtes à pleurer», elle avait montré plus d'une fois une drôlerie qui ne venait que d'elle-même. Mais il ne faut pas oublier qu'elle s'était mise à l'école de l'Espagne. La comedia avait usé et abusé avant elle de ces sonorités vides de sens et de ces recherches où l'esprit se met à la torture pour ne s'adresser qu'à l'oreille. Dans cette *Dama boba*, où il y a place pour de si jolis sourires, Lope n'hésite pas à jouer péniblement sur les mots *or* et *heure* (1). Ces «à peu près», qui sont tout à fait déplacés dans des scènes où ne manquent ni la grâce ni la finesse, ne se rencontrent pas seulement dans la bouche du *gracioso*. Les «galants» eux-mêmes ne se les interdisent pas. «Ah! s'écrie Teodoro dans *El perro del hortelano* (II, 16), si j'ai aspiré, maintenant j'expire» (2). Le jeu de mots devient quelquefois un véritable rébus, et, jusque sous cette forme, il se glisse dans les pièces où les plus tragiques situations sont traitées avec la plus émouvante vigueur (3), Quelquefois aussi il se confond avec les plus vulgaires calembredaines; il lui arrive même, en mêlant les sons et les sens de termes latins ou castillans, de

---

(1) «Que no está el gusto en el oro:
Que son el oro y las horas
Muy distintas» (I, 18).

(2) «Si aspiré, Tristan, ya espiro».

(3) Cf. la fameuse comedia de Calderon: *El Alcalde de Zalamea.* Crespo, au moment même où il montre une gravité si émue et un si ferme sentiment de son honneur, ose, pour offrir de vendre sa liberté et de faire de cet argent la dot de sa fille, s'exprimer comme il suit:

«Y si quereis desde luego
poner *una S y un clavo*
hoy á los dos y vendernos,
será aquesta cantidad
mas del dote que os ofrezco».

Un S et un clou, cela fait en espagnol *esclave,* et cela fait aussi une étonnante faute de goût.

devenir ce monstre bizarre qu'on peut appeler le calembour bilingue.

Dans ce genre de comique il est assez naturel de ranger l'innombrable série des plaisanteries imaginées par les poètes d'Espagne pour faire rire non point d'un ridicule pris sur le vif ou d'une plaisante situation, mais d'un rapprochement extravagant sans aucun rapport avec la scène ou le personnage. On n'accepte qu'à grand'peine que, pour peindre les minauderies de sa *Belisa* (1), Lope lui fasse repousser un prétendant chauve parce qu'elle n'a pu saisir cette occasion aux cheveux. Mais fallait-il lui faire demander un autre vêtement parce que de sa fenêtre elle a vu passer un marchand d'huile ? Les turlupinades n'étaient pas moins en honneur au delà qu'en deçà des Pyrénées; mais ni d'un côté ni de l'autre elles n'étaient dans le ton de la bonne comédie. Molière ne l'a si bien trouvé que parce qu'il a renoncé au comique de mots pour s'attacher à ces «choses qui caractérisent l'homme».

La comedia était loin de s'en tenir aux effets que ses adaptateurs avaient essayé de transporter en France. Elle a connu aussi, et souvent, «le

(1) Cf. *los Melindres de Belisa*, I, 2.

comique spirituel». Si elle a soulevé des rires retentissants, elle n'a pas éveillé moins de sourires délicats. Ces reparties piquantes qui égratignent sans blesser, ces malices qui n'ont pas besoin de frapper fort pour frapper juste, cette forme légère de l'ironie que nous reconnaissons à ceux dont nous disons qu'ils ont «de l'esprit», les poètes de Madrid ont montré plus d'une fois qu'il n'était pas nécessaire, pour en faire le plus heureux usage, d'avoir vu le jour à Paris. «Tu écoutais?», demande don Andrès. — «Je suis valet», réplique simplement Mogicon (1). Un autre *gracioso*, Rodrigo, vient d'entendre son maître vanter la dot de doña Clara. «Quelle beauté, s'écrie-t-il, je ne dis pas sur son visage, mais dans sa fortune!» (2). Dans *Los Melindres de Belisa* (II, 12), le faux esclave Felisardo est surpris au moment où il embrasse la feinte mauresque Celia. «C'est, dit-il pour s'excuser, qu'elle m'a promis de se faire baptiser». — «Grande bonté qu'être chrétien, répond Carrillo; mais que de christianisme à se jeter dans les bras des femmes!». Les servantes n'ont pas moins d'esprit que les valets. Nise écoute, sans être vue,

____

(1) *La traicion busca el castigo*, page 236 dans le tome LIV de la collection Rivadeneyra.

(2) *Hombre pobre todo es trazas*, I, 4.

une conversation de son fiancé Laurencio et de sa sœur Finea. — «Est-ce là, demande-t-elle à Celia, une déclaration d'amour ou un compliment de beau-frère?». — Et la soubrette de répondre : «Ce doit être un compliment; mais je n'aimerais pas voir un beau-frère ainsi complimenté» (1). Les dames et leurs galants montrent naturellement une finesse plus délicate quand elles recourent à la raillerie. Il faut voir dans le *Chien du jardinier* (I. 14) avec quel air de ne pas en avoir l'air la comtesse de Belflor laisse entendre à Tristan qu'elle n'ignore pas son équipée nocturne. Son secrétaire Teodoro ne s'enveloppe point d'une humilité moins piquante quand elle lui reproche de perdre le sens pour Marcela : «J'en ai si peu, réplique-t-il avec modestie, qu'il n'y a pas grand mal à le perdre». Il est inutile de multiplier les exemples. Ce n'est que dans les contes d'amour qu'on donne de l'esprit à qui n'en a pas. Il est clair que la comedia n'avait point à apprendre à Molière à être spirituel, mais il serait singulièrement injuste de ne faire état, pour juger de sa force comique, que des plaisanteries dans le goût de Scarron.

(1) *La Dama boba*, III, 13.

2

Ce serait aussi n'en avoir qu'une idée bien incomplète que de ne pas faire une place à une de ses plus originales manières d'exciter le rire du public espagnol Il y a, en effet, et surtout chez Lope, une sorte de «comique lyrique» où la saveur de l'expression s'allie avec grâce à la liberté du vers. L'action est un moment interrompue, les personnages sont oubliés, et l'on s'abandonne, sans songer à la trouver déplacée, à l'amusante fantaisie du poète. Tantôt c'est une glose sur une chanson populaire qui vient mêler la rapidité de son rythme et la familiarité de ses expressions au dialogue qu'elle suspend (1). Tantôt ce sont des broderies diverses dont les couleurs changent pour varier le thème donné. Dans *El Acero de Madrid* (I, 13), Lisardo attend sur la promenade du *Prado* sa chère Belisa. Auprès de lui se trouve son ami Riselo qui a promis de pousser le dévouement jusqu'à faire la cour à Teodora, la tante et la jalouse gardienne de cette espiègle jeune fille Enfin le valet Beltran est tout disposé à rendre à son maître le service de courtiser à sa façon la servante Leonor Tous les trois calment leur impatience par de poétiques invocations qui pren-

____

(1) Cf. *los Melindres de Belisa*, III, 25.

nent également pour refrain les deux derniers vers du romance : «Matinées fleuries du mois de mai, rappelez à mon amie que c'est trop dormir». Lisardo supplie les ruisseaux et les fontaines d'arracher Belisa au sommeil. Riselo demande aux oiseaux de faire songer à Teodora qu'il est temps que vienne l'amie de son ami. Beltran s'adresse à tous ceux qui font les bruits du matin, cabaretiers et boutiquiers, fripiers et charretiers, afin que la servante réveille la tante et la tante sa nièce. Ce trio sans musique, où résonne à la fin l'écho des cris de Madrid à l'aurore, s'écoute avec un sourire qui se résout en un éclat de rire (1). Cela est gracieux et cela est plaisant. Molière a lu *El Acero de Madrid*. Il ne pouvait songer à faire accepter par son public des libertés qui n'étaient à leur place que sur une scène où tous les genres se confondaient, et dans un drame qui avait en partie reçu l'héritage de la poésie populaire. Mais, quand nous rencontrerons dans son œuvre un effort vers une fantaisie dont l'éloignaient à la fois les idées critiques de ses contemporains et sa propre conception de son art, sera-ce une illusion de le

(1) Il y en a un autre dans *El Acero de Madrid* (II. 22), où les mêmes personnages, et avec la même fantaisie, demandent au soleil d'arrêter sa marche.

croire en quelque manière suggéré par le comique lyrique du théâtre espagnol ?

C est ce lyrisme qui donne parfois de l'éclat et même de la poésie au burlesque qui envahit la *comedia* et en marque, par son succès même, la prochaine décadence. Il est arrivé à Scarron de faire sentir dans quelques scènes un peu de cette libre drôlerie; mais trop souvent il n'imite cette sorte de comique que dans ce qu'elle a de plus monotone et de plus grossier. Il rivalise avec Rojas d'injures énormes et brutales. Il ne renonce à des situations bouffonnes de Solorzano que pour leur en substituer d'autres d'un goût encore moins relevé. Ainsi entendu, le burlesque ne pouvait plaire longtemps à un public qui n'aimait le gros rire que s'il était une saillie du bon sens le plus avisé. Il avait en Espagne une allure différente et une toute autre raison d'être. Il était une expression naturelle du génie national. Dans un pays où les oppositions étaient si fortement accusées, à une époque où les *hidalgos* ruinés gardaient les gestes des ancêtres en menant la vie des *picaros,* le burlesque n'était point un délire de l'imagination, mais une forme légitime de l'humour espagnol. On pouvait l'accommoder à l'esprit gaulois ou à la parodie italienne, mais, en revêtant un autre costume, il prenait aussitôt un air qui n'était plus le sien. Dépouillé de sa vérité locale, il n'était plus que le plus faux des ridicules. Molière avait un sens trop délicat de l'humanité et de la mesure pour ne pas le chasser de son théâtre. Mais comme jusque dans le pire il savait trouver du bon, il n'est pas impossible que les jours où il s'est abandonné sans contrainte à sa gaîté naturelle, il lui ait demandé un peu de la saveur de son comique. Je n'ai pas besoin d'ajouter qu'il l'épurera singulièrement. Le burlesque espagnol se plaisait à une antithèse énorme entre les réalités les plus familières et les plus héroïques extravagances. Molière réjouira son public par le simple spectacle de la sottise humaine dressant sa faiblesse impuissante contre les lois de la nature qu'il ne faut point s'efforcer de corriger, mais de suivre. Et, sans doute, au Palais-Royal comme sur les théâtres de Madrid, le rire jaillira plus d'une fois d'un contraste entre l'imagination et le bon sens; mais ce n'est qu'au pays des rodomontades que l'imagination prend la taille de don Quichotte et que le bons sens s'épaissit dans la panse de Sancho.

A qui n'y jetait qu'un regard superficiel, la comedia semblait confier presque tout son comique à deux sortes de personnages: les *figurones* et les *graciosos*. C'est aux dépens des premiers que Thomas Corneille et Scarron avaient épuisé une bonne partie de leur verve. Ils en avaient fait des fantoches qui servaient de cible facile à toutes les espèces des quolibets, railleries et mauvais tours. Le *figuron* n'était point en son pays un idiot aussi dégoûtant. Assurément cette caricature faussait et déformait les types créés par la fantaisie de Lope et de ses disciples, et les intrigues absurdes qui lui servaient de cadre ravalaient la comedia au niveau d'un méchant vaudeville. Dans ce grossissement lamentable on pouvait pourtant distinguer encore quelques traits qui avaient appartenu à des têtes espagnoles. Cette figure était un masque, mais où se lisaient le ridicule du «conceptiste» et la sottise des Béotiens des provinces d'Espagne. Molière, qui n'a jamais représenté que des visages de son pays, n'avait que faire de ce grotesque étranger. Mais il n'était pas homme à négliger aucune source de rires. Ce n'est pas vainement qu'il fera jouer à sa troupe *Dom Japhet d'Arménie* et la *Dame intéressée*. Il gardera du *figuron* le peu qu'il lui fallait pour colorer le ridicule des Béotiens des provinces de France.

Il trouvera dans la comedia de plus précieuses indications pour la peinture de ses valets; mais il lui faudra, pour en tirer parti, la plus délicate habileté. Le *gracioso* ne pouvait être transporté sur la scène du Palais-Royal sans être d'abord débarbouillé et réhabillé à la française. Il avait dans son pays un rôle qui ne rencontrait point ailleurs la même raison d'être. Il était la revanche du bon sens contre les excès et les monstruosités, le lien indispensable entre l'Espagne chevaleresque et l'Espagne picaresque. Il avait d'ailleurs abusé des libertés spéciales qu'on lui accordait. Plus d'un critique et plus d'un poète avaient protesté à Madrid contre l'importance démesurée qu'avait prise ce personnage. Cristobal Suarez de Figueroa s'indignait de voir un laquais lutter d'esprit avec son seigneur. Tirso de Molina écrivait dans *Amar por señas* : «Dans quelle comedia d'Espagne ne voit-on pas le *gracioso* avoir les plus étranges privautés avec les ducs, comtes et rois ? Quel secret ne lui confie-t-on pas ? Quelle infante lui ferme sa porte ? A quelle princesse ne plaît-il pas ? Ces «impropriétés» que le rire n'excusait pas aux yeux de Tirso se seraient changées en pures folies au regard d'un public parisien. Elles ne trouvaient une excuse que dans la familiarité des coutumes espagnoles. Le valet d'une comédie de mœurs françaises ne pouvait porter le vêtement du *gracioso*. Il ne pouvait pas davantage s'attarder à ces contes que le *galan* écoute d'une oreille si complaisante. Parmi ces historiettes, qui ont souvent la longueur d'une histoire à dormir debout, il en est de tout à fait gracieuses, et il en est aussi dont la grossièreté se fait tolérer grâce à la plus savoureuse drôlerie. Mais comment admettre que l'action s'interrompe de la sorte pour faire place à un récit qui ne nous éclaire sur le travers d'aucun des personnages ?

Les discours des *graciosos* ne sont pas toujours des hors-d'œuvre. Il y a souvent dans leurs raisonnements familiers une malice qui met heureusement en lumière le ridicule de leurs maîtres. Ils raillent les désespoirs et les invocations à la mort; ils dissipent les illusions que les «galants» se complaisent à entretenir sur l'incomparable beauté de leur dame. Ils leur enseignent à songer, pour se guérir de leur passion, à tous les défauts sur lesquels ils ferment les yeux quand ils regardent le visage aimé. Ils leur démontrent les merveilleux avantages de ces femmes qui, se sachant laides, n'éprouvent pas, comme celles qui ont l'orgueil de leur beauté, le besoin de se montrer désagréables. Ils leur font sentir tout ce qu'il y a de factice dans un amour qui n'est bon que pour ceux qui n'ont rien à faire. Les *graciosas* qui leur donnent la réplique rendent à leurs maîtresses de semblables services. Elles les forcent à lire dans leur cœur et à en découvrir la faiblesse Elles savent deviner leur désir dans les paroles même qui le dissimulent ou qui le nient, et elles leur offrent dans leurs entreprises amoureuses la plus intelligente complicité. Molière ne pouvait trouver dans aucun autre théâtre d'aussi jolis exemplaires des valets et des soubrettes de comédie. L'esclave de Plaute et de Térence ne lui offrait que des stratagèmes trop connus et des plaisanteries vite épuisées Le *zanni* italien demandait la plupart de ses effets à la souplesse de sa pantomime. Molière se souviendra de l'un et de l'autre, mais c'est grâce à la comedia qu'il leur donnera une finesse plus spirituelle et une personnalité plus marquée.

De cette transformation, dont il fera une véritable création, Molière pouvait trouver des exemples dans le Cliton du *Menteur* et même dans les diverses épreuves gauloises que Scarron avait tirées du *gracioso*. Il ne doit qu'à son regard d'observateur d'avoir vu dans la comedia ce qu'aucun de ses contemporains n'y avait remarqué. Si le drame espagnol occupe une place singulière dans l'histoire de la formation du théâtre moderne en Europe, il ne la doit ni au nombre ni à la complication de ses intrigues, ni même à la saveur de son comique, mais à la force et à la nouveauté de ses ressorts (1). C'est parce qu'il a demandé à l'amour et à l'honneur de jouer sur la scène le même rôle que dans la vie qu'il a présenté les plus vigoureuses peintures à l'admiration de ses contemporains. Pierre Corneille y avait entendu palpiter la tragédie, et il l'en avait arrachée toute vive pour lui donner un éclat plus pur et un relief plus saisissant. Molière n'y fera pas une découverte d'une moindre portée. Le cliquetis des épées froissées en des duels furieux ne lui fera pas oublier les scènes où les dames pour lesquelles le sang coule ne provoquent par l'expression de leur tendresse qu'un sourire qui ne se mouille d'aucune larme. Les «galants» ne se dressent pas toujours dans leur orgueil surexcité ; ils rient aussi sous leur cape et participent aux travers ordinaires de l'humanité. A la condition de ne pas se laisser égarer par le romanesque de son intrigue, par les extravagances de son burlesque et par la préciosité de sa langue, le drame espagnol pouvait enseigner à notre comédie comme à notre tragédie les vérita-

(1) C'est ce que j'ai tâché de faire voir dans le premier chapitre de *la Comedia espagnole en France*. Paris, 1900.

bles ressorts du théâtre moderne. L'amour et l'honneur, l'un quand il essayait de se dissimuler et de se déguiser, l'autre quand il n'était encore qu'une forme de la vanité, y prenaient plus d'une fois une face plaisante. Ce ne sera pas pour Molière une médiocre originalité que d'en extraire une matière purement et proprement comique, et ce sera peut-être le plus bel effort de son génie de découvrir dans la diversité des émotions qu'il soulève que le rire ne jaillit point d'une autre source que les pleurs.

La matière comique du théâtre espagnol est loin d'être épuisée par la comedia. Il y en a beaucoup encore, et d'excellente qualité, dans ces petites pièces satiriques et bouffonnes qui se jouaient d'ordinaire pendant les entr'actes. Malheureusement, nous n'avons qu'une bien faible partie des innombrables productions auxquelles la farce espagnole a donné lieu. Les auteurs de ces pochades ne songeaient guère ni à les publier avec soin ni même à en revendiquer la paternité. Le plus illustre de tous, Luis Quiñones de Benavente, ne prit point la peine de recueillir les siennes, et nous n'en avons qu'un choix que nous devons à un de ses amis. Si nous en jugeons par les trop rares exemplaires imprimés et par les copies ma-

nuscrites signalées par La Barrera ou par Salvà,
les *entremeses* n'étaient pas une des moins plaisantes manifestations du génie dramatique espagnol (1). Il est même probable que, si nous les
connaissions mieux, nous réduirions, pour augmenter la leur, la part que dans l'histoire de notre
théâtre comique nous accordons d'ordinaire à nos
farinés ou *barbouillés* et aux *masques* de la *commedia dell' arte*.

La farce espagnole présentait, en effet, à l'imitation créatrice de Molière les plus heureuses occa-
sions de s'exercer. Elle lui offrait d'abord le même
avantage que la farce française ou que l'italienne.
Elle lui montrait que le rire le plus savoureux ne
jaillit point d'une complication factice de tromperies et de quiproquos. Il n'y a pas d'intrigue dans
l'*entremes* C'est à peine si l'on y voit parfois le fil
qui relie les situations comiques, et ce fil y est plus
léger encore que dans la *commedia dell' arte*. Un
bavard qui étourdit de ses paroles un avocat ou un
médecin pour permettre à son ami d'enlever la fille

---

(1) Dans la préface mise par M. Léo Rouanet en tête de ses
Intermèdes espagnols (Paris, 1897), on trouvera des renseignements
intéressants sur les origines de l'*entremes*. Je ne m'occupe ici que
de la forme qu'il a prise au dix-septième siècle, la seule que semble
avoir connue Molière.

de celui qu'il est venu consulter, voilà la trame la
plus serrée qu'on y rencontre. Il est difficile d'en
imaginer de plus lâche. L'*entremes* n'est, à l'ordinaire, qu'un dialogue plaisant qui demande tous ses
effets à l'expression naïve des mœurs, à une peinture à la fois juste et fantaisiste des travers de ses
personnages. Aucune préoccupation du dénouement. Quand il ne se réduit pas à quelques coups
de bâton, une simple boutade suffit à amener la
chanson et la danse finales. Le comique n'est pas
cherché dans le plaisir qu'on peut prendre à voir
démêler un écheveau de ruses; il est tout entier
dans la joie malicieuse qu'on éprouve à regarder
une image de la vie.

Cette image est souvent grossie dans l'*entremes*,
mais elle n'est jamais faussée et elle est presque
toujours savoureuse. La farce espagnole ne tombe
point dans les platitudes où se complaît quelquefois la farce française. Elle a, d'autre part, cette
supériorité sur la farce italienne qu'elle n'abuse
point de la pantomime et qu'elle préfère la satire à
la parodie. Aussi les types qu'elle représente ne
prennent-ils point l'air figé et la froide monotonie
des *masques* italiens. Le soldat riche d'orgueil et
pauvre d'argent que raille *la Guarda cuidadosa*
répondait à une réalité contemporaine, et il était

autrement plaisant que la caricature grotesque apportée de Naples à Paris par tant de capitans matamores. Pour ne pas sortir du théâtre de Cervantes, à quel pédant de la *commedia dell' arte* le Roldan de *Los dos Habladores* ne damerait-il pas le pion, et quel Pantalon ne ferait pas oublier le Cañizares de *El viejo zeloso?* Lorsque Molière, qui ne les connaissait pas à ses débuts, lira ou verra jouer des *entremeses*, il y trouvera des traits d'une vérité et d'une finesse qui s'accorderont bien mieux avec son comique que des *lazzi* qui ne se renouvelaient point par un effort d'observation, mais par un pur caprice de l'imagination.

Il est vrai que plus d'un personnage de la farce espagnole n'était à sa place que sur la terre natale. Les sacristains d'Espagne n'auraient pu être tolérés sur une scène où la religion n'était plus traitée avec la même familiarité. Les alcades n'auraient pas fait rire de leur sottise ou de leur malignité rétorse dans un pays où la vie municipale était autrement organisée. Et comment, en les heurtant à des mœurs différentes, conserver leur charme à tous ces héros picaresques, rufians et filous, licenciés dont le savoir n'empêche pas la gueuserie, Galiciens balourds ou Biscayens effrontés, nègres zézayant et barbiers racleurs de guitare, aventurières déjà « entôleuses », paysannes et souillons du plus pur terroir espagnol? Mais à côté de ces types d'une vérité trop locale, que de figures où se lisait un travers d'une plus générale humanité ! Que d'aveugles dont les disputes n'auraient pas semblé trop étranges aux passants de notre Pont-Neuf! Que de goinfres et d'ivrognes dont le vice ne pouvait surprendre personne! Parmi les personnages communs à la comedia et à l'*entremes*, le *gracioso*, qui avait hérité du niais (*simple* ou *bobo*) du théâtre primitif, ne montrait pas toujours aussi bien dans les grandes que dans les petites pièces sa malice narquoise ou sa sottise rusée. C'est dans les pochades jouées pendant les entr'actes que le comédien Cosme Perez avait assuré à Juan Rana (Jean Grenouille) plus de succès encore que Julien Bedeau n'en fera obtenir à Jodelet. Que de fois aussi le *rejete* s'est vu dupé comme père ou trompé comme mari avec une finesse plus piquante dans l'*entremes* que dans la *comedia !* Que de traits lancés avec une incomparable justesse par la farce espagnole contre des avares de tous les pays ou contre des médecins qui auraient pu sortir de la Faculté de Paris, contre des entremetteuses d'une famille que Frosine n'aurait pas reniée ou contre des béates hypocrites, véritables tartuffes en jupon ! Molière n'aura point à se repentir d'avoir demandé à ces satires bouffonnes quelques saillies où un caractère se découvrait avec le ridicule le plus naturel.

Il y trouvait aussi un mélange de scènes comiques, de chants et de danses qui lui a peut-être suggéré quelques idées pour ses intermèdes. L'*entremes* du dix-septième siècle s'accompagne, en effet, assez souvent de musique. Dans *El rufian viudo*, Cervantes fait jouer et danser à la fin la *gaillarde*, le *canari* et le *rustique* (*el villano*), et un romance chanté fait allusion à la *gargouillade* (*las gambetas*), à la sarabande et au *zambapalo*. Il y faut ajouter la *passacaille*, la *pavane*, la *jácara*, les *folies* et tous les pas divers qui illustraient de vieux airs populaires comme *Le roi Alonso le Bon* (1). Quelques-unes de ces danses avaient franchi les Pyrénées à la suite d'Anne d'Autriche ; les comédiens espagnols en firent connaître beaucoup d'autres dans les fêtes données à la cour de Louis XIV. L'*entremes* chanté que Benavente avait mis à la mode était d'ailleurs souvent

---

(1) Cf. dans *la Guitarra* comment Fermin, en jouant sur sa guitare des danses dont le nom seul est une révélation, apprend à la femme de Ranedo les fredaines de son mari qui, après l'avoir enfermée à clé, se croyait sûr de l'impunité.

remplacé à Madrid par le *baile* , et le *baile* menait tout droit au ballet (1). C'était une petite pièce satirique qui n'offrait point un caractère différent, mais qui se préoccupait davantage des danses dont elle était le prétexte. Dans le *Médecin d'amour* on voit arriver l'un après l'autre des clients atteints de maladies plus ou moins plaisantes ; un docteur improvisé les expédie avec une ordonnance qui est une raillerie et qui provoque les entrechats. Avec sa distribution en entrées successives, le *baile* est, en somme, une sorte de ballet plus court et plus simple, mais du même genre que le spectacle si cher au Roi-Soleil (2).

Faut-il donc rattacher ce spectacle à une origine espagnole ? La question intéresse Molière, puisqu'à

---

(1) On trouvera un assez grand nombre de ces *bailes* du dix-septième siècle dans la collection de pièces de théâtre manuscrites que possède la Bibliothèque Nationale de Madrid. Le catalogue en a été dressé par M. Paz y Melia.

(2) Le premier intermède du *Malade imaginaire* peut donner du *baile* une idée assez exacte. Il est vrai que le héros en est Polichinelle, mais ce personnage oublie de bonne heure sur notre théâtre son origine italienne pour devenir le «général des Espagnolets», et Walckenaer (tome III de son édition de La Fontaine) attribue à une *novela* le «Conte d'un gentilhomme espagnol et d'un paysan son vassal» qui a inspiré à La Fontaine son récit *D'un Paysan qui avait offensé son Seigneur* (publié en 1665) et d'où est peut-être tirée l'idée principale de l'intermède de Molière. — Cf. l'édition Despois-Mesnard de Molière, t. IX, p. 336.

partir de 1669 c'est lui qui en a été le principal
organisateur. Il faut d'abord reconnaître que les
Italiens ont joué presque exclusivement, de l'un
comme de l'autre côté des Pyrénées, le rôle du
machiniste. Ces inondations et ces pluies de feu,
ces chars qui s'envolent dans les cieux ou qui
tombent dans les abîmes, ces montagnes qui
vomissent la flamme, cette profusion de pilastres
et de chapiteaux, ces balustrades et ces architra-
ves d'or, ces arbres qui cachent des nymphes et
ces roches qui s'ouvrent sur un palais enchanté,
toutes ces richesses de la décoration et tous ces
artifices de la mise en scène étaient, à Madrid,
l'œuvre de Cosme Loti ou de César Fontana, de
Vaggio ou d'Antonozzi. Si l'on fera mieux à Versailles ou à Saint-Germain, ce sera grâce à d'autres
Italiens qui n'auront pas plus d'imagination, mais
auxquels on permettra de plus fortes dépenses.

L'usage même de ces machines ne laissait pas
au poète une entière liberté de choix. Il est possible cependant que l'Espagne n'ait pas moins contribué que l'Italie à donner sous Louis XIV un
caractère mythologique à notre ballet de cour.
La tradition française conduisait plutôt à une sorte
de mascarade volontiers satirique ou licencieuse
qui fait parfois songer à nos «revues» de fin d'an-

née (1). La trace en demeurait dans le ballet *Chacun fait le métier d'autrui*, qui fut dansé le 18 mai 1659 dans le château de Berny en l'honneur du comte de Pimentel, négociateur du roi d'Espagne. Elle semble, au contraire, disparaître complètement après le mariage de Louis XIV et de l'infante Marie-Thérèse. Les fêtes de la cour de France n'offrent guère, à partir de 1660, qu'une image plus brillante des *fiestas* espagnoles. On y voit concourir des troupes diverses comme avaient concouru au *Buen Retiro* les compagnies *de la Cruz* et *del Principe*. Un manuscrit de la Bibliothèque Nationale de Madrid nous raconte comment fut célébrée la Saint-Jean le 28 juin 1636. La comedia de Calderon, qui fut représentée devant Sa Majesté, servait de cadre à trois *bailes* et à trois *entremeses*. Les courtisans de Philippe IV contemplèrent cette nuit-là un spectacle que rappellera en 1666 le fameux *Ballet des Muses*. Nous avons enfin pour l'un des divertissements de la cour de France une preuve qu'on allait chercher au delà des Pyrénées aussi bien qu'au delà des Alpes des galanteries mythologiques. On

---

(1) Cf. le ballet des rues de Paris, dans le tome II des *Contemporains de Molière* de M. Fournel.

lit, en effet, à la fin du *Grand Ballet du Soleil* : « Le lecteur est adverty que la pluspart de ces vers ont esté premierement composez en espagnol puis traduits en françois pour contenter les curieux qui en ont fait recherche » (1).

On pourrait peut-être remarquer qu'en supprimant ces récits et ces vers pour les personnages dans lesquels triomphait Benserade, Molière rapproche davantage le ballet de la *fiesta*. Il entend ses entrées comme des prologues à la façon des *loas* et comme des intermèdes chantés et dansés à la manière du *baile*. Quelle que soit la part à faire à l'Espagne, je ne dis pas dans les pièces qu'il improvise, mais dans les spectacles qu'il organise à la cour de Louis XIV, elle n'importe qu'assez peu à l'histoire de son théâtre. La part de la comedia et de l'*entremes* dans ses comédies est d'un tout autre intérêt. A l'étudier sans parti pris, on peut gagner de mieux comprendre son génie et de mieux servir sa gloire. Si dans la complexité confuse du théâtre espagnol Molière découvre des indications précieuses qui avaient échappé au regard des

(1) Cf. à la Bibliothèque Nationale de Paris (Réserve Y f 1811) : « Le Grand Ballet du Soleil dansé devant le roy et la reine comme aussi devant les princes, seigneurs et dames de la cour par les plus excellens bergers et bergères du royaume de France ». Paris, chez Jean Brunet, 1660.

Thomas Corneille et des Scarron, c'est donc qu'il était seul à savoir les lui demander et à pouvoir les en dégager pour leur donner une meilleure place, une plus juste couleur et une portée plus profonde. Emprunter de la sorte, ce sera véritablement créer. Qui donc disait que si tout est dans tout, il faut être quelqu'un pour en tirer quelque chose ?

Les débuts de Molière

Les débuts de Molière

Le 24 octobre 1658, après la fameuse représentation de *Nicomède*, qui fut surtout la présentation officielle de la troupe de Molière, celui qui devait devenir notre grand comique demanda au roi l'autorisation de lui jouer un de ces «petits divertissements qui lui avaient acquis de la réputation et dont il régalait les provinces» (1), en quoi, ajoute Grimarest, «il comptait bien réussir, parce qu'il avait accoutumé sa troupe à jouer sur-le-champ de petites comédies, à la manière des Italiens». Cette manière des Italiens semble bien, en effet, avoir été la première manière de J.-B. Poquelin. Sans doute, dans ses pérégrinations loin de la Ville et de la Cour, Molière a mis à profit d'autres sources d'inspiration. Si nous connaissions mieux

(1) LA GRANGE. — Préface de l'édition de 1682.

le répertoire qu'il a joué en province, nous y trouverions assurément plus d'une indication précieuse. Le succès qu'obtenait telle scène ou telle repartie n'a pas dû avoir une médiocre force de suggestion sur une imagination créatrice comme celle de Molière. Il nous manque malheureusement pour ses années d'apprentissage un registre de La Grange. Il est probable que la troupe de l'Illustre Théâtre a colporté en province quelques-unes des pièces qui avaient triomphé à l'Hôtel de Bourgogne. Il est plus que possible qu'elle ait continué devant le public « bon enfant » auquel elle s'adressait la tradition des farces gauloises (1). Et il n'y a pas enfin d'invraisemblance à supposer que ses plaisanteries, qui n'étaient pas toujours improvisées, s'éclairaient parfois d'une observation originale dont son directeur voulait essayer l'effet. Ces réserves n'empêchent point qu'elle n'ait dû ses premiers triomphes et demandé d'abord son ordinaire spectacle à une sorte d'adaptation de la *commedia dell' arte.*

Parmi les canevas qu'on lui prête, il en est deux

____

(1) Cf. LANSON. — Molière et la Farce. *Revue de Paris,* 1ᵉʳ mai 1901, p. 138.

qui ont leur importance, puisqu'on en retrouve la trace dans le théâtre de Molière. La *Jalousie du Barbouillé* et le *Médecin volant* sont d'ailleurs d'assez bons exemples de ce genre d'intrigues. La ruse d'une femme qui, trouvant porte close, feint de se tuer pour contraindre son mari à descendre et pour le mettre à son tour dehors ; le stratagème de Sganarelle qui saute par la fenêtre pour se transformer de valet en médecin ou de médecin en valet ; ce sont là des scènes qui portent la marque italienne comme la devaient porter aussi les raisonnements du Docteur ou la sottise de Gorgibus. L'Espagne n'a aucune part à revendiquer dans ces petites pièces où il serait du reste assez difficile de faire la part de Molière. On pourrait, il est vrai, chercher dans le pays de Lope l'origine du canevas du *Medico volante* de Dominique, et l'on ne serait point embarrassé pour y rencontrer ce thème du faux médecin et de la feinte maladie qui intervient dans l'intrigue de *El Acero de Madrid*. Mais Molière ne connaît point encore cette jolie comedia, et songer à elle ou à une autre pour le *Médecin volant* ne serait pas moins ridicule que remonter à *La Disciplina clericalis* de l'Aragonais Pierre Alphonse pour trouver déjà de l'Espagne dans la *Jalousie du Barbouillé*.

Si donc, à ses débuts, Molière a subi une influence étrangère, c'est assurément celle de l'Italie. La *commedia dell' arte* a peut-être contribué à lui donner le sens du mouvement dramatique. Mais, s'il n'avait eu que l'exemple de ses lazzi, il aurait été précisément le contraire de ce qu'il fut.

C'est encore l'Italie, mais ce n'est plus la *commedia dell' arte* qui lui a inspiré sa première comédie. Il est vrai que la *commedia sostenuta* ne lui offrait pas des modèles bien différents. Ses intrigues traitaient des sujets analogues, et ses personnages rappelaient plus d'une fois les types improvisés. L'*Etourdi* ne manifeste une véritable originalité que par la saveur de la langue et le relief du style. S'il peut être intéressant d'en étudier les sources, c'est qu'on commence à y surprendre les procédes de contamination de celui qui saura s'emparer si librement de son bien partout où il le trouvera. Une scène dont l'idée se trouve dans les *Contes d'Eutrapel*, un passage (IV, 4) imité de l'*Angelica* de Fabritio de Fornaris, quelques réminiscences de l'*Epidicus* de Plaute qui sont surtout des souvenirs de *La Emilia* de Luigi Grotto, voilà les emprunts qui lui permettent de supprimer les incidents qu'il juge inutiles ou trop romanesques dans *l'Inavertito* de Nicolo Barbieri.

La matière de l'*Etourdi* est donc presque entièrement italienne. Les seuls éléments qui y rappellent l'Espagne sont à peu près insignifiants. C'est la signature de la lettre envoyée par Lélie à Trufaldin sous le nom de dom Pedro de Gusman, marquis de Montalcane. C'est aussi, si l'on veut, le nom de Mascarille, ou encore cette *paraguante* dont « l'avide espoir » entraîne « des officiers de justice altérés » (IV, 9). Je n'attache pas une grande importance à l'épisode d'Andrès, qui amène assez péniblement le dénouement de l'*Etourdi*. Il ne prouve pas du tout que Molière connût *La Gitanilla* de Montalban ou la « refundicion » (adaptation) qu'en avait tirée Solis. Il avait seulement lu l'original de ces deux comedias, la nouvelle de Cervantes, qui porte le même titre (*La Gitanilla de Madrid*). — L'avait-il lue dans le texte espagnol ou dans la traduction de Rosset ? Je n'en sais rien, mais il l'avait si présente à la mémoire qu'il fait dire à Mascarille :

« Je n'ai, pour vous rejoindre, épargné temps ni peine. Enfin, ayant trouvé la vieille Egyptienne... » (V. 2).

Cette vieille Egyptienne, dont il n'a été nullement question auparavant, et dont la mention laisse le spectateur fort embarrassé, n'est autre sans doute que celle qui sert de mère à Preciosa dans *La Gitanilla de Madrid*. Molière en parle comme d'une vieille connaissance, sans réfléchir que son public ne sera pas au courant comme lui (1). C'est la meilleure preuve que cet épisode n'a été introduit qu'assez malencontreusement et que, comme dit Voltaire, l'*Etourdi* n'est qu'un « composé de plusieurs petites intrigues assez indépendantes les unes des autres ». Tout cela est dans le goût italien.

Il faut pourtant faire une exception pour le monologue qui ouvre le troisième acte. Mascarille y expose, et non sans une plaisante finesse, comment il se doit à lui-même de ne pas céder aux difficultés que lui suscitent les « fâcheux contre-temps » de son maître :

> « L'honneur, ô Mascarille, est une belle chose !
> A tes nobles travaux ne fais aucune pause ;
> Et quoi qu'un maître ait fait pour te faire enrager,
> Achève pour ta gloire, et non pour l'obliger ».

Voilà qui n'est plus du tout à l'italienne. Est-ce

---

(1) Je dois cette remarque à l'obligeance de M. E. Rigal, dont il est superflu de louer les études sur notre théâtre du xvi⁰ et du xvii⁰ siècles.

une parodie du ton de certains héros de Corneille? Est-ce un souvenir des railleries chères aux valets de Scarron? C'est en tout cas un point d'honneur à l'espagnole.

Il y a dans le *Dépit amoureux* deux parties bien distinctes. L'une est remplie par une imitation sans grand intérêt d'un imbroglio italien. L'autre se compose des scènes, si savoureusement originales, où deux amants et leurs domestiques se brouillent et se raccommodent. Dans l'une comme dans l'autre il n'est pas déplacé de faire en quelque mesure intervenir l'Espagne. A l'intrigue de *L'Interesse* Molière n'a guère fait subir qu'une importante modification. Pour expliquer le travestissement de Dorothée en Ascagne, il a renoncé au pari qu'avait imaginé Secchi, et il lui a substitué une histoire d'héritage promis par un oncle à un enfant à venir, pour le cas où ce serait un garçon. Ce travestissement et sa cause sont des fables dont on peut, pour ne pas remonter plus haut, chercher l'origine dans la comédie latine. Mais, à la date où Molière y a recours, c'est surtout par l'intermédiaire de la comedia espagnole qu'elles font fortune en Italie ou en France. Peu importe, d'ailleurs, que la situation d'Ascagne-Dorothée arrive directement du pays de Lope ou qu'elle ne s'y rattache que par la pièce de d'Ouville : *Aimer sans savoir qui* (1645). Si l'Espagne n'avait fourni à Molière que ces complications d'intrigue, son influence se confondrait sur ce point avec celle de l'Italie et serait à peu près négligeable.

Je crois, au contraire, qu'elle commence dans le *Dépit amoureux* à lui suggérer de plus délicates inspirations Le *Dépit amoureux*, avoue de Villiers, l'un des ennemis les plus acharnés de Molière, réussit «à cause d'une scène qui plut à tout le monde, et qui fut vue comme un tableau naturellement représenté de certains dépits qui prennent souvent à ceux qui s'aiment le mieux» (1). Ce tableau si naturel n'a-t-il été inspiré par aucune autre peinture? Louis Riccoboni (2) et Cailhava (3) prétendent y voir une imitation d'un canevas italien «Gli sdegni amorosi». A ce canevas, comme à la pièce de Bracciolini qui fut traduite en français en 1603 sous le titre *Le Dédain amoureux* (4), Molière n'aurait pu emprunter que l'idée de faire ren-

---

(1) Cité par M. Despois dans son édition de Molière, tome I, p. 387-388. — Paris, Hachette, 1873.

(2) *Observations sur la comédia et le génie de Molière.* — Paris, 1736.

(3) *De l'Art de la comédie.* — Paris, 1772.

(4) Paris, Matthieu Guillemot, 1603.

dre ou déchirer par Eraste les gages qu'il a reçus de l'amour de Lucile. Mais d'où vient l'idée essentielle du dépit suivi de réconciliation? M. Despois estime qu'il n'y a pas lieu de songer à la jolie comedia de Lope de Vega : *Le Chien du jardinier*. — Dans la pièce espagnole, dit-il, il n'y a de sincérité que chez Marcelle. Théodore ne lui revient que parce qu'il se croit joué par la comtesse de Belflor et que son amour reprend alors le dessus sur son ambition. Le raccommodement ne s'opère point par les seules paroles des deux amants, mais par l'entremise du valet Tristan. On trouve déjà, dans des réflexions exprimées par Plaute et par Térence ainsi que dans une ode d'Horace (III, 9) traduite par Molière (dans le divertissement qui termine le 2e acte des *Amants magnifiques*), l'indication d'un dépit que suit un prompt retour. N'est-ce point là enfin une situation aussi vieille que l'amour dont elle est l'éternelle histoire? —

Je suis aussi convaincu que M. Despois de l'originalité de la scène dans laquelle Eraste et Lucile se boudent si amoureusement, et je vois, puisque aussi bien elle est évidente, la différence qui la sépare de la rencontre de Marcelle et de Théodore (IIe journée, scènes 17 et 18) Je pense cependant que Molière a lu le *Chien du jardinier* et que cette

4

lecture ne lui a pas été plus inutile qu'elle ne l'avait été à Corneille pour son Dom Sanche d'Aragon (1) Le sonnet de Marcelle, au moment où son amant lui va revenir, exprime avec finesse l'amour qui se cache sous le dépit (2). C'est le thème même sur lequel a brodé Molière. La disposition qu'il a adoptée n'est pas non plus sans rappeler la marche de la scène de Lope. Comme Marcela qui s'est fiancée par dépit à Fabio, Lucile a voulu se montrer favorable à Valère. Comme Théodore, Eraste arrive pour implorer son pardon, et, comme lui, il est accueilli par un refus ironique. Comme dans le *Dépit amoureux*, les amants de Lope échangent ensuite des reproches où palpitent le regret et le désir de l'amour passé et prêt à renaître, et, comme les amants de Molière, mais avec plus de passion et moins de grâce délicate, ils tombent dans les bras l'un de l'autre. Les vains efforts qu'ils font pour s'éloigner rappellent singulièrement les retours d'Eraste ne se lassant point d'affirmer

(1) Cf. E. MARTINENCHE. — *La Comedia espagnole en France*. Paris, 1900, p. 283 à 286.

(2) C'est le sonnet qui ouvre la 17ᵉ scène de la 2ᵉ journée et qui commence ainsi:

«Ah! qu'il est difficile de feindre un amour qu'on n'a pas !
Ah! qu'il est difficile d'oublier un amour d'un an !»

qu'il ne reviendra plus et la présence obstinée de Lucile malgré le conseil de Marinette :

« Allons, ôtez-vous de ses yeux » (1)

Si Molière n'a pas donné à Gros-René le même rôle que Lope à Tristan, c'est qu'il le réservait pour la scène suivante où le valet et la servante nous donneront une si savoureuse parodie de la réconciliation de leurs maîtres. Mais ce qu'il ne met pas alors à profit, il ne l'oubliera point puisqu'il le reprendra dans la scène du *Tartuffe* où Dorine ramène l'un à l'autre Marianne

(1) Cf. *El Perro del hortelano*, II, 18. — Marcela: «Laisse-moi, Tristan: j'ai à faire». — Teodoro: «Laisse-la, Tristan». — Tristan: «Je ne l'empêche pas de s'en aller». — Teodoro: «Retiens-la». — Marcela: «Je viens, mon amour». — Tristan: «Eh bien, ils ne s'en vont pas? Je ne retiens personne». — Marcela: «Ah! mon trésor, je ne puis m'en aller». — Teodoro: «Et moi non plus», etc...

Il y a également, dans *le Chien du jardinier*, une autre scène qui n'est pas sans faire songer au *Dépit amoureux*. Et, cette fois, le valet n'intervient point, et les deux amants sont également sincères. Teodoro, que les prétendants de Diana veulent faire assassiner, vient demander à sa maîtresse l'autorisation d'aller en Espagne.

Diana: «Va, Théodore. Pas un mot de plus. Laisse-moi; car je suis femme». — Teodoro (*à part*): «Elle pleure; mais que puis-je faire?» — D. «Enfin, Théodore, tu t'en vas?» — T. «Oui, Madame». — D. «Attends... Non, pars... Écoute». — T. «Que veux-tu?» — D. «Moi, rien; va-t'en». — T. «Je m'en vais». — D. «(*à part:* Quel trouble en moi! Est-il tourment qui torture comme une passion d'amour?) Tu n'es pas parti?» — T. Si, Madame, je m'en vais». — Et Théodore part, mais pour revenir aussitôt. — «Je reviens, dit-il, savoir si je pourrai partir aujourd'hui», etc... — Journée III, scène VII.

et Valère (II, 4). Le raccommodement de Marinette et de Gros-René ne s'éloigne d'ailleurs du *Chien du jardinier* que pour mieux rester dans le goût espagnol. C'est un des procédés ordinaires de la comedia, et dont elle a usé dès ses premières ébauches, que d'opposer aux exaltations amoureuses des maîtres les burlesques galanteries des domestiques (1). C'est aussi un des effets plaisants qui lui sont le plus chers que d'étaler après les gestes héroïques du «galan» la couardise du «gracioso». La poltronnerie de Mascarille (V, 1 et 3) nous fait bien moins songer au Zucca de *L'Interesse* qu'au Mogicon de Rojas (2) revu et corrigé par Scarron (3).

(1) Pour ne citer qu'un exemple, je rappellerai la jolie scène de Calderon, dans *Hombre pobre todo es trazas* (I, 5), où Rodrigo et Isabel parodient si joliment leurs maîtres.

(2) Cf. *La Traicion busca el castigo*. IIIᵉ journée — Mogicon à don Juan: «Si tu veux que je te parle plus clair et plus haut qu'un clairon, remets maintenant ton épée au fourreau. Quand je la vois briller, mes paroles éblouies ne réussissent point à sortir de ma bouche».

(3) Cf. les scènes V, 1 et 3 du *Dépit* avec la scène V, 1 de *Jodelet duelliste:*

LE DÉPIT

«Quand je viens à songer, moi qui me suis si cher,
  Qu'il ne faut que deux doigts d'un misérable fer
Dans le corps, pour vous mettre un homme dans la bière,
Je suis scandalisé d'une étrange manière» (V, 1).

JODELET

«Mais n'est-ce pas à l'homme une grande sottise

Il y a dans le *Chien du jardinier* d'autres éléments comiques que Molière a négligés, mais qui
ont pu garder dans sa mémoire créatrice une certaine force de suggestion. Tel est, par exemple,
le langage «latiniforme» de Tristan dans la plaisante consultation qu'il donne à son maître (1),
ou encore le jargon gréco-castillan dont il use avec
son compère Furio (2) pour persuader au comte
Ludovico que Teodoro est le fils qui lui fut ravi
par des corsaires turcs. Je n'ignore pas qu'un mélange analogue se rencontrait dans la comédie
italienne, comme dans le rôle de Guillot Gorju, et
que notre Rotrou en avait déjà usé. Il n'en est pas
moins vrai que l'Espagne a le droit de réclamer sa
part dans la création de ce charabias qui, dans la

De s'aller battre armé de la seule chemise.
Si tant d'endroits en nous peuvent être percés
Par où l'on peut aller parmi les trépassés? (V. 1).

Le cartel de Jodelet à l'homme qui l'a giflé rappelle singulièrement
celui de Juan Rana à Parrado qui l'a rossé. Cf. l'*entremes* de Calderon:
El Desafío de Juan Rana (Le Défi de Juan Rana).

(1) II, 5.   Récipe un desden extraño.
                Sirupi del *borrajorum*,
                Con que la sangre *templorum*
                Para asegurar el daño.
              . . . .
                Récipe *signum celeste*
                Que *Capricornius dicetur*, etc.

(2) III, 12. — Tristan: Bien se entreca el engañifo. — F. Muy bónis.
— T. Andemis. — Camilo a bien raison de s'écrier: «Extraña lengua!»

mémoire des hommes, demeurera définitivement
«moliéresque».

Elle peut d'ailleurs, si l'on accepte que le *Dépit
amoureux* ne soit pas sans devoir quelque chose au
Chien du jardinier, revendiquer un rôle plus glo-
rieux dans la création de la première comédie où
commence vraiment à se révéler Molière. L'Italie
n'avait guère enseigné jusqu'alors au directeur de
l'Illustre Théâtre que des complications d'intrigue
et de burlesques lazzi. Il y avait beaucoup plus et
beaucoup mieux à apprendre dans la comedia de
Lope. Ses saillies étaient parfois des observations
aussi justes que plaisantes. Les piquantes réflexions de Tristan à son maître sur l'art de combattre l'amour par l'imagination et la volonté n'é-
taient pas seulement des traits d'esprit (1) ; elles
révélaient parfois à travers leur burlesque une
finesse psychologique qui ne se retrouve pas dans
le discours de Gros-René sur la femme (2). Cette
finesse se manifeste plus pénétrante encore dans
la peinture du caractère de Diana. Ce mélange
complexe de dépit et d'envie, de fierté et de désir inavoué qui nous explique un amour né de la
jalousie et incapable de supporter qu'une autre

(1) Cf. *El Perro del hortelano*, I, 12.
(2) *Le Dépit amoureux*, IV, 2.

possède un cœur dont il ne peut lui-même accepter la tendresse, toutes ces nuances, qui n'étaient pas sans subtilité, mais qui pourtant ne manquaient jamais de vérité, formaient le tableau le plus utile à présenter à celui qui sera le grand comique pour avoir été le grand observateur.

Les *Précieuses ridicules* ne font point éclore cette comédie psychologique qui était en germe dans les scènes les plus propres à justifier le titre du *Dépit amoureux*. Molière n'est pas encore très éloigné de la conception dramatique de la *commedia dell' arte*. Il voit dans sa pièce une «satire honnête» dont «les véritables précieuses auraient tort de se piquer... par la même raison que les véritables savants et les vrais braves ne se sont point encore avisés de s'offenser du Docteur de la Comédie et du Capitan» (1). Cette satire a cependant sur les canevas italiens une supériorité inappréciable : elle ne s'exerce point sur des types conventionnels, mais sur des personnages qui représentent un travers de la société contemporaine. Dans la donnée comique sur laquelle elle est bâtie comme aussi dans la peinture des

(1) Préface des *Précieuses ridicules*.

mœurs qu'elle raille il est difficile de refuser à l'Espagne une part indirecte d'influence.

D'où vient, en effet, l'idée du travestissement imposé au valet par son maître, sur quoi repose à peu près toute l'intrigue des *Précieuses ?* Je ne crois pas qu'il faille penser, pour l'expliquer, au canevas que, d'après Somaize (1), les Italiens avaient tiré du roman de l'abbé de Pure. Le faux seigneur de qualité qui intervient dans le *Cercle des femmes* de Chappuzeau (2) n'est point un va-let, mais un pensionnaire du jurisconsulte écon-duit qui le fait servir à sa vengeance. N'est-il pas plus simple de supposer que Molière s'est souvenu de *Jodelet ou le Maître valet* que Scarron avait fait jouer en 1645 et que la troupe du Petit Bourbon représentera deux fois en 1660 en même temps que les *Précieuses?* La mystification à laquelle il a recours se rencontrait également dans l'*Héritier ridicule* (1649), où Filipin joue un rôle analogue à celui de Mascarille (3). Qu'elle vienne, à travers

----

(1) Cf. SOMAIZE. — *Les Véritables précieuses* (1660). — Préface.

(2) Lyon, 1663. Le permis d'imprimer est du 25 avril 1656.

(3) Je rappelle que cette comédie de Scarron a fait aussi partie, en 1660, du répertoire de la troupe de Molière qui l'a jouée en même temps que *Sganarelle* soit à la cour, soit à la ville, soit en visite. — Cf. le registre de La Grange.

Scarron, de Rojas ou de Castillo Solorzano (1), ce n'en est pas moins une situation illustrée par la comedia.

Nul ne peut aujourd'hui songer à mettre en doute l'originalité de cette satire de mœurs qui fait des *Précieuses* la «bonne comédie». Il n'est pourtant pas inutile de remarquer qu'elle est le point d'aboutissement d'une longue série d'œuvres dramatiques qui ont fleuri beaucoup plus au delà des Pyrénées qu'au delà des Alpes. Ce n'est point ici le lieu d'étudier les origines de la préciosité, ni de discuter si le mot et la chose sont en France plus italiens ou plus espagnols. Il suffira sans doute de rappeler que cette maladie du langage a provoqué en Espagne, chez les auteurs dramatiques comme chez les satiriques, des attaques et des railleries dont plus d'une a passé la frontière. Les «cultistes» qui, dans leur désir légitime d'assouplir et d'enrichir leur langue, étaient tombés dans la plus fâcheuse imitation de la phrase cicéronienne et n'avaient point

(1) *Jodelet ou le Maître valet* suit pas à pas l'intrigue de la pièce de Rojas intitulée: «*Donde hay agravios no hay celos, y amo criado*». Quant à *l'Héritier ridicule ou la Dame intéressée*, du même Scarron, elle est tirée d'une comedia «de figuron» de don Alonso Castillo Solorzano: *El Mayorazgo figura*.

hésité à parler grec et latin en castillan (1) ; les «conceptistes» qui, dans leur recherche perpétuelle de l'expression piquante, avaient confondu le brillant avec l'obscur et la finesse avec la subtilité ; tous ces amoureux du trop d'esprit et de l'enflure avaient plus d'un trait commun avec nos précieux. Sans doute, les gens du «bel air» à Paris ne demandaient des mots nouveaux qu'à leur propre langue, et ils ne pouvaient ni accepter ni entendre toutes les trouvailles d'une imagination montée, pour ainsi dire, d'un ton plus haut que la leur. Mais chez les uns comme chez les autres, c'était le même abus des mots à la mode, le même goût des antithèses, le même amour des périphrases, la même passion pour les métaphores les plus artificielles (2). Il n'est donc

(1) Cf. la Beatriz de Calderon (*No hay burlas con el amor*) demandant non pas ses gants, mais ses «chirotèques», et parlant non pas de sa chambre, mais de son «cubicule».

(2) Voici, par exemple, un madrigal espagnol qui traite un sujet analogue à celui de l'impromptu de Mascarille. (Il est de Lorenzo Gracian et se trouve dans *Agudeza y arte de ingenio*. Huesca, 1649):

Mi corazon me han robado	On m'a volé mon cœur,
Y Amor viendo mis enojos	Et Amour voyant mon ennui
Me dixó : «Fuete llevado	Me dit: «Il l'a été ravi
Por los mas hermosos ojos	Par les plus beaux yeux
Que desque vivo he mirado;	Que j'ai vus de ma vie;
Gracias soberanas tales	C'est une grâce souveraine
Te lo tienen en prision».	Qui te le tient en prison».
Y si Amor tiene razon,	— Si Amour a raison,

pas étonnant que la satire et la comédie aient d'abord indiqué en Espagne les thèmes sur lesquels s'exercera ensuite l'esprit français.

Dès 1629, la «culta latiniparla» ne se faisait pas teindre les cheveux, mais «peigner la candeur de l'âge et en obscurcir les blancheurs » (1). Quevedo, qui nous donne de son langage une parodie plaisante mais trop décousue, est aussi l'auteur d'une *Boussole du cultisme* dont le titre indique assez la matière. La liste serait longue qui voudrait comprendre toutes les comedias où sont exploitées ces sortes de railleries. Je n'en cite que deux qu'il n'est pas impossible que Molière ait connues. Dans *La Dama boba* de Lope, Octavio, qui a probablement fourni un ou deux traits aux *Femmes savantes*, est le père d'une Nise dont le salon est une Académie d'amour, où «platonise» le jeune poète Duardo. Il ne se montre pas à son égard plus tolérant que Gorgibus pour sa fille : «Par la malheure, s'écrie-t-il, qu'elle apprenne à

Señora, por tales señales	Madame, d'après de tels signes
Vos teneis mi corazon.	C'est vous qui avez mon cœur.

Évidemment, ce n'est pas le: «Oh! oh! je n'y prenais pas garde». Mais on peut s'écrier tout de même: «Ah! qu'en termes galants ces choses-là sont mises !»

(1) Cf. E. MÉRIMÉE. — *Essai sur la vie et les œuvres de Francisco de Quevedo.* — Paris, 1886.

parler sa prose, et qu'elle me laisse là tous ces sonnets et chansons» (1). Une des deux dames courtisées par don Diego dans la pièce de Calderon (2) qui a servi de modèle au *Galant doublé* (1660) de Thomas Corneille, doña Beatriz tient aussi dans sa maison une Académie d'amour. L'entrée de don Juan dans ce salon de précieuse espagnole n'est pas sans rappeler celle de Mascarille : «La renommée qui nomme votre demeure une amoureuse académie est l'excuse de mon audace à n'attendre point autre licence». — Doña Beatriz : «Vous savez, don Juan, que vous y pouvez entrer pour y disposer des mêmes privilèges qu'en la vôtre». Comme Mascarille, don Juan sert d'introducteur à un ami. Et cet ami n'est autre que le valet de don Diego qui, pour faciliter une ruse de son maître, s'est habillé en gentilhomme. Il est donc travesti comme Jodelet, et voici comment il se

(1) Les dégoûts des précieuses pour les choses de la matière sont aussi l'objet de la raillerie de Lope. Dans la première journée, Liseo, avant de se remettre en route, demande à manger à son valet Turin qui lui reproche plaisamment de préférer le fromage aux douceurs, alors qu'il est un galant fiancé. Turin: «Les dames de Madrid sont toutes comme un fin cristal transparentes et divines». — Liseo: «Turin, les plus cristallines doivent manger». — Turin: «C'est naturel; mais cette belle Finea, avec qui tu vas te marier, mangera...». — L. «Quoi donc?». — — T. «Du sucre seulement, des dragées et de la gelée».

(2) Elle est intitulée: *Hombre pobre todo es trazas*.

présente : «Puisque vous me permettez de vous baiser les mains, Madame, permettez aussi à mon âme de ne vous offrir qu'une muette adoration. Pour vous louer, c'est un grossier instrument que la langue. Ou bien, c'est à vous-même de vous adresser des éloges, car le dieu des sciences veut qu'étant la quatrième Grâce vous soyez la dixième Muse». Doña Beatriz ne réplique pas sans raison : «Si préparée, Monsieur, a été votre entrée qu'il me faudra du loisir pour étudier ma réponse» (1).

Comme la comedia, la farce s'était emparée en Espagne de ces personnages de l'un et de l'autre sexe qui, précieuses ridicules ou petits marquis, ont une égale horreur de la simplicité naturelle. Un «entremes», qu'on peut sans trop d'invraisem-

(1) Dans deux comedias qui traitent un sujet analogue à celui de *l'École des Maris*, dans *El mayor imposible* (le comble de l'impossible) de Lope et dans la «refundición» que Moreto en a tirée sous le titre: *No puede ser guardar una mujer* (il est impossible de garder une femme), on voit une dame tenir chez elle une académie. Chez la reine *Antonia* de Lope, Feniso récite un sonnet, Albano fait deviner une énigme, Lisardo dit une glose sur trois vers, et Roberto trois «décimas» (stances de dix vers) (I, 2). Sur l'invitation de l'académie que préside doña Ana de Moreto, Alberto a écrit un sonnet, don Diego une glose sur un seul vers, don Pedro une «octava», don Félix une «décima», et doña Ana elle-même a composé une énigme (I, 2). — Ces deux scènes nous donnent tout à fait l'impression d'une séance en un hôtel de Rambouillet espagnol.

blance attribuer à Lope (1), *El marqués de Alfa-rache*, lance contre eux des traits qui manquent parfois de finesse, mais non point de saveur. On se souvient de Mascarille appelant ses valets ima-ginaires (2) : «Holà! Champagne, Picard, Bourgui-gnon, Cascaret, Basque, la Verdure, Lorrain, Provençal, la Violette! Au diable soient tous les laquais! Je ne pense pas qu'il y ait gentilhomme en France plus mal servi que moi. Ces canailles me laissent toujours seul». Cette plaisante indi-gnation, qui a sans doute été inspirée par Tristan l'Hermite (3), se rencontrait déjà dans «l'entremes»

(1) Cf. la notice de M. M. Menéndez y Pelayo dans le second volume des *Obras de Lope de Vega, publicadas por la Real Academia espanola*. Madrid, 1892.

(2) Dans un intermède de Benavente intitulé *El remediador*, on voit aussi Salvador appeler des valets imaginaires.

(3) Cf. *le Parasite* (1654), I. 5 :

«Holà, ho, Bourguignon. Champagne, le Picard,
Le Basque, Cascaret!...
Las d'aller, Triboulet! Où sont tous mes valets?

CASCARET

— Ils sont sur les degrez de la cour du Palais.

LE CAPITAN

— Je ne suis point servi. Toute cette canaille
Se cache au cabaret, ainsi que rats en paille.
Holà! qu'on vienne à moy.

CASCARET

— Que vous plaît-il, Monsieur ?

de Lope : «Holà, s'écriait le marquis d'Alfarache, don Blas, don Lucas, don Gregorio..., holà, valets; holà, pages; holà, toute la litanie des *don...*, Caracuel, Lazarillo ! N'y a-t-il personne pour me venir vêtir ? Je suis fort mal servi par mes domestiques» (1). Je ne sais pas si Molière connaissait dès

LE CAPITAN

— Où sont tous ces coquins ? J'enrage de bon cœur:
Ils ne répondent point lorsque je les appelle.

CASCARET

— Monsieur !

LE CAPITAN

— Je leur rompray quelque jour la cervelle.
Où sont les compagnons qui ne me suivent point ?

CASCARET

— L'un raccoutre ses bas et l'autre son pourpoint ».

Je rappelle que *le Parasite* a été publié par M. V. Fournel dans le tome III de : *Les Contemporains de Molière*, Paris, 1875.

(1) Ce rapprochement a été fait par Mr S. Griswold Morley dans *Publications of modern language*, Association of America, vol. XIX, N° 2.

Mr Morley indique aussi l'analogie que présente l'intrigue du *Parasite* avec le dénouement de *El Perro del hortelano* de Lope et avec *La Presumida y la hermosa* de Fernando de Zárate, où l'on voit un personnage revenir de captivité pour jeter sur un usurpateur la même honte qu'Alcidor sur Lisandre. Mais, outre que la question n'intéresse qu'indirectement Molière, ces enlèvements par des corsaires et ces retours imprévus dérivent autant de la comédie ancienne que du roman et du théâtre espagnols. Les deux personnages auxquels Tristan demande presque tout son comique, Fripesauces et le Capitan, sont des masques de la *commedia dell' arte* transformés par la farce française. *Le Parasite* ne me semble donc pas tiré directement de l'espagnol. Je crois plutôt que l'entrée du Capitan (I, 5) se rattache à l'*entremes* de Lope par un intermédiaire

1659 cette farce espagnole, mais il est curieux de remarquer que chez lui comme chez Lope ce qui n'était chez Tristan qu'une vantardise du capitan matamore est une parodie du ton des marquis.

Si la satire dans les *Précieuses ridicules* n'est pas aussi éloignée de l'Espagne qu'on le pense d'ordinaire (1), il est bien évident qu'elle n'a jamais une couleur étrangère. Elle ne vise ni les «cultistes» ni les «conceptistes», mais les précieuses de Paris à travers les «pecques provinciales». Elle manifeste la réaction du bon sens français contre une réforme de la langue et des mœurs qui avait eu sa raison d'être, mais qui la perdait en

italien. Pour en finir avec *le Parasite*, je rappelle la ressemblance signalée par M. Rigal (*Revue universitaire*, 15 février 1903) entre la scène 2 de son acte III et la première scène de *l'Étourdi*. Dans l'une comme dans l'autre, nous voyons le valet faire à l'amant d'analogues recommandations avant de l'introduire dans la maison où loge l'amante et où il doit raconter une histoire de corsaire. Il est possible que *le Parasite*, imprimé en 1654, ait été, à partir de cette année, une des pièces du répertoire joué en province par la troupe de l'Illustre Théâtre.

(1) M. Despois, dans le second volume de son édition de Molière (note 1, p. 71 et 77), et M. Roy, dans son étude sur Charles Sorel (Paris, 1891), ont soigneusement noté tous les détails qui, dans *les Précieuses ridicules*, rappellent *les Lois de la galanterie*. Ici encore on pourrait faire indirectement intervenir l'Espagne, puisque l'opuscule de Sorel s'inspire de ces parodies des lois somptuaires qui avaient eu tant de succès à Madrid. Ce code de la vie élégante à Paris est écrit dans le même esprit que les Pragmatiques de Quevedo et que son traité de la vie de la capitale.

perdant toute mesure. Parmi les protestations qui s'étaient fait entendre, plus d'une avait eu recours à l'arme du ridicule. C'est l'Académie qu'on avait d'abord visée, mais les dégoûts qu'on lui repro-chait étaient aussi ceux qu'on éprouvait à l'hôtel de Rambouillet (1). Les *Précieuses ridicules* conti-nuent cette campagne contre l'épuration à outrance et l'affectation de la langue française. Elles sont incontestablement de leur temps et de leur pays.

Il y avait de la farce dans les *Précieuses ridicu-les*. Il n'y a plus guère que de la farce dans *Sgana-relle ou le Cocu imaginaire*. Mais cette farce est écrite dans une langue d'une incomparable saveur, et on y rencontre des mots qui ne valent pas moins pour la justesse de l'observation que pour la force du comique. Le prétendu Neuf-villaine ou Neuf-Villenaine, qui en a fait imprimer la première édi-

(1) Cf. la Comédie des Académistes. — Le rôle des présentations faites aux grands jours de la dite académie. C'est dans ce «rôle» que le sieur de Polastron, au nom des cadets de Gascogne, requérait «que l'on n'ôtât pas le point à leur honneur, ni l'éclaircissement à leur épée». — Cf. aussi la requête présentée par les Dictionnaires à Messieurs de l'Académie pour la Réformation de la Langue française. Callepin, Nicod, Estienne, Oudin et tous autres dictionnaires y supplient les académiciens de rendre droit de bourgeoisie aux mots injustement proscrits, de laisser leur vocabulaire et d'abandonner leur grammaire.

tion, ne sort point de la vérité quand il écrit à un
ami : «J'ose même avancer que Sganarelle n'a
aucun mouvement jaloux, ni ne pousse aucuns
sentiments que l'auteur n'ait peut-être ouïs lui-
même de quantité de gens au plus fort de leur
jalousie, tant ils sont exprimés naturellement». Il
ne serait pas difficile de trouver dans cette peinture des couleurs qui avaient été d'abord broyées
en Espagne. La scène que tout Paris appela «la
belle scène» (I), la 17ᵉ scène où Sganarelle s'ex-
cite au courage et se retient avec une prudence si
plaisamment raisonneuse, est assez directement
imitée du *Jodelet duelliste* de Scarron **(2)** que
Molière avait déjà mis à profit dans le *Dépit amoureux* pour peindre la poltronnerie de Mascarille (3) Cette lâcheté goguenarde des valets qui
se démontrent sans peine la nécessité primordiale
de ne point laisser endommager l'honnête cuir de
leur peau est une des sources de comique auxquelles, dès les origines mêmes de son théâtre (4),

(1⸱ Cf. l'argument de la 21ᵉ scène dans l'édition de 1660 : «Sganarelle, qui, comme vous avez vu dans la fin de la belle scène
(puisqu'elle n'a point d'autre nom dans Paris), a pris résolution de
se venger de Lélie... etc.». Cet argument est reproduit par M. Despois
dans son édition de Molière, t. II, p. 204, note 2.

(2) Cf. *Jodelet duelliste*, III, 1 ; IV, 7 et V, 1.

(3) *Le Dépit amoureux*, V, 1. — Cf. El. Desafio de Juan Rana (Calderon).

(4) Cf. la Célestine.

l'Espagne avait eu d'autant plus volontiers recours
qu'elle en tirait un contraste pittoresque avec les
exaltations et les bravades des «*galancs*». Je n'en
reconnais pas moins que l'intrigue de *Sganarelle*
semble plutôt à l'italienne et que la saveur de ses
plaisanteries est presque toujours proprement gauloise (1). Nous sommes bien avec son héros sur la
terre des fabliaux et des farces qui conseillent au
mari de préférer à une femme dure de la tête une
épouse tendre... d'ailleurs. Mais, avec sa «belle
scène», sommes-nous plus près de la grande comédie que nous l'étions avec la scène «qui plut à
tout le monde» dans le *Dépit amoureux ?* Et l'ex-
cursion qu'avec *Dom Garcie* Molière va faire maintenant dans le genre de la comedia a-t-elle été
aussi malheureuse qu'on l'a dit ?

Dom Garcie n'eut pas de succès à la ville. La raison en est-elle dans la prétendue faiblesse de la

(1) Je dois cependant faire ici une réserve. Parmi les œuvres
dramatiques manuscrites de Giacinto-Andrea Cicognini, qui est mort
au plus tard en 1660, Giulio Negri, dans son *Istoria degli scrittori
fiorentini* (Florence, 1722), cite une pièce intitulée : «Il cornuto nella
propria opinione», qu'il dit «traduite de la langue espagnole».
Malheureusement, M. A. Lisoni (*Un famoso comediografo dimen-
ticato*, Parma 1896) ne sait point où se trouve ce manuscrit, et je
ne le sais pas plus que lui. Il n'est pas impossible que la comédie
de Molière, qui porte le même titre que celle de Cicognini (le Cocu
imaginaire), doive quelque chose à son original espagnol.

pièce? Mais n'est-elle pas incontestablement supérieure à plus d'une tragi-comédie applaudie à la même époque? Mais n'a-t-on pas goûté dans le *Misanthrope* les mêmes vers et presque les mêmes situations qui parurent froids dans *Dom Garcie?* Il semble plus naturel de chercher ailleurs les causes de cet insuccès. On a parlé, non sans vraisemblance, du préjugé qui voulait alors qu'un auteur comique ne réussît pas dans le genre sérieux. Je crois surtout qu'il y eut une sorte de désillusion dans l'esprit du public qui, voyant annoncer une comédie, assistait en réalité à une tragi-comédie et d'un ton plus soutenu que les autres. Il est possible aussi que la déclamation plus naturelle de Molière choquât des oreilles habituées à l'affectation pompeuse des «grands comédiens». On ne pouvait pas la trouver tragique, et pourtant on n'entendait sortir aucun mot comique de cette bouche qui venait de dire l'impromptu de Mascarille et d'exprimer les craintes de Sganarelle. Ce fut là sans doute le plus grave tort de *Dom Garcie.* La preuve en est que, lorsque la pièce fut représentée à la cour, devant un public moins prévenu, elle ne fut point sans être favorablement accuellie.

Molière avait fondé sur elle les plus grands espoirs. Pourquoi? Se laissait-il entraîner par cette petite vanité de montrer que, quand on pouvait être comique, il était facile d'être tragique ? C'est possible; mais faire dépendre de ce seul sentiment l'inspiration de sa première grande pièce, ce n'est pas tant restreindre singulièrement sa valeur morale que se faire une idée étroite de l'évolution et des progrès de son art. La rivalité de l'acteur et du chef de troupe avec les comédiens de l'Hôtel de Bourgogne n'explique pas davantage la composition de *Dom Garcie*. La vérité me paraît plus simple. Molière a attaché à sa pièce une grande importance parce qu'il sentait qu'avec elle il s'était montré capable d'un utile et bel effort. Sans doute, il s'était élancé au delà de la hauteur où se tient la grande comédie ; mais il est des élans d'où l'on retombe sans chute, parce qu'ils vous ont appris à faire de vos forces un usage meilleur. Que l'élan de Molière avec *Dom Garcie* lui ait été, directement ou indirectement, facilité par l'Espagne, et qu'il n'en ait point retiré un mince bénéfice, c'est ce que je ne crois pas qui soit un paradoxe.

La commedia du Florentin Giacinto-Andrea Cicognini, qui passe pour avoir été l'original de *Dom Garcie*, est intitulée: *Le Gelosie fortunate del principe Rodrigo*. Je l'ai lue dans l'édition de 1661 (Venise, chez Nicolo Pezzana). Elle est précédée d'un prologue avec musique entre l'Amour et la Jalousie, et divisée en trois actes (1). L'analyse très développée que donne Cailhava (2) n'est pas tirée directement de cette pièce, mais de l'imitation que la troupe italienne fit jouer à Paris en 1717 (3). Cette «favola all' italiana», comme l'appelle son auteur (4), est distribuée en cinq actes. Les lazzi et les usages de la comédie improvisée s'y joignent de façon curieuse aux intrigues et aux habitudes de la comédie écrite. Riccoboni a supprimé les personnages de Cortadiglio, confident de Rodrigue,

(1) M. Moland (OEuvres de Molière, II, p. 127) cite une édition de Pérouse (1654) qui serait en 5 actes. Je n'ai pas eu entre les mains cette édition qui a été imprimée chez Sebastiano Zecchini, mais je serais fort surpris qu'elle ne fût pas en trois actes, Cicognini ayant adopté d'ordinaire cette division, qui correspond aux trois «jornadas» de la comedia espagnole. La distribution en cinq actes, qui se rencontre dans l'imitation de Riccoboni, est, si je ne me trompe, de date postérieure. Comme G.-A. Cicognini est fort mal connu en France, j'ajoute qu'outre les deux éditions que je viens de citer (1654 et 1661), il y en a eu trois autres au XVII* siècle: en 1658 à Venise chez Pezzana, en 1666 à Bologne chez Giacomo Monti, et en 1672 à Venise chez Cristoforo Ambrosini. C'est une preuve entre beaucoup d'autres que G.-A. Cicognini n'est pas l'auteur «assez peu célèbre» que dit M. Despois (édition de Molière, t. II, p. 231).

(2) De l'Art de la comédie, Paris, 1786, t. II, p. 72-92.

(3) Cette imitation, composée par le Lelio de cette troupe, Louis Riccoboni, a été publiée, avec la traduction française du sieur Bernard, dans le 3e volume du *Nouveau Théâtre italien* (Paris, chez Briasson, 1733).

(4) Cf. la Dédicace de Riccoboni dans le *Nouveau Théâtre italien*, t. III. Paris, 1733.

et de Teobaldo, philosophe, et il les a remplacés
par Arlequin et Pantalon. Les rôles de ces deux
« masques » ne sont écrits qu'en canevas. A cette
« commedia dell' arte » se mêle une « commedia
sostenuta » qui est écrite entièrement et qui suit de
très près *Le Gelosie* de G.-A. Cicognini. La marche
générale de l'intrigue est aussi la même dans *Dom
Garcie*. Molière s'est servi des trois péripéties qui
manifestent la jalousie du héros : la lettre déchirée
en deux morceaux, l'arrivée secrète d'un rival prétendu et la vue de l'amante dans les bras d'une
amie travestie. A qui est-il redevable de ce sujet et
des moyens de l'illustrer ?

Je suis parfaitement convaincu que la pièce de
G.-A. Cicognini est une imitation d'un original espagnol. Quoi qu'en dise M. Despois, l'héroïne n'en
est pas plus une amazone du pays de l'Arioste et
du Tasse qu'une amoureuse de comedia prête à
l'occasion à se servir de l'épée. Le prince jaloux,
qui se dit «possédé du démon», n'est pas tant un
maniaque italien qu'un parent de ces personnages
dont Calderon a tracé le plus illustre exemplaire
dans le sauvage Sigismundo de *La Vida es sueño*.
Y a-t-il si loin enfin de la situation de dom Alphonse,
cru don Sylve, à celle de l'Heraclio de l'*En esta
vida* ? Ces rapprochements peuvent paraître facti-

ces. Mais il est bien difficile de ne pas trouver à l'intrigue des *Gelosie fortunate* une allure et une inspiration purement espagnoles. L'imbroglio italien se distingue, en effet, assez nettement des subtiles complexités de la comedia. En Italie, ce sont de plaisantes situations de farce, où l'amour nous est peint avec ses tromperies, ses ruses et son élégante immoralité. En Espagne, ce sont les péripéties romanesques et souvent tragiques d'un amour ardent traversé par un honneur implacable. A chaque fois qu'intervient l'honneur comme régulateur de l'intrigue, on peut dire, sans crainte d'être souvent démenti que la pièce vient d'Espagne. Or la jalousie, telle qu'elle nous est peinte dans *Dom Garcie*, n'est point la jalousie de la commedia (1), rare d'ailleurs et faite surtout de regret voluptueux. C'est bien la jalousie espagnole, le cri furieux de l'honneur blessé qui voit rouge et ne sait point se contenir comme l'amour-propre rusé des Italiens (2).

(1) Je rappelle, une fois pour toutes, que commedia avec deux *m* désigne le drame italien, et comedia avec un seul *m* le drame espagnol.

(2) On peut encore remarquer que les divers motifs de l'intrigue dans *Dom Garcie* sont bien plus conformes aux complexités ingénieuses de l'Espagne qu'aux complications facétieuses et aux lazzi de l'Italie. La lettre surprise par Rodrigo-Garcie rappelle le billet de Belisario tombé entre les mains de l'empereur dans *El exemplo*

A ces preuves «morales» de l'existence d'un original espagnol de *Dom Garcie*, on peut ajouter quelques arguments qui me paraissent décisifs. Dans la dédicace de son *Prince jaloux*, Louis Riccoboni fait au duc de Noailles la déclaration suivante : «J'ai cru longtemps que notre Cicognini était l'auteur de cette tragi-comédie.... On m'a dit depuis que la source en était dans le théâtre espagnol; mais je n'ai pas eu connaissance de cet original et je ne sais pas si le fameux Molière en composant son *Prince jaloux* s'est servi de l'espagnol ou de l'italien» (1) Je ne con-

mayor de la desdicha de Mira de Mescua, d'où est tiré ce *Belissaire* de Rotrou dont Molière semble avoir imité deux vers. Justinien disait chez Rotrou:

> «Le foudre, ce vengeur des querelles des cieux,
> Grondant à mon oreille et tombant à mes yeux,
> Ni le commun débris de toute la nature
> Ne m'étonnerait pas comme cette aventure » (IV, 8).

Dom Garcie s'écrie, dans une situation analogue:

> «J'ai vu ce que mon âme a peine à concevoir,
> Et le renversement de toute la nature
> Ne m'étonnerait pas comme cette aventure» (IV, 7).

On rencontre également le thème de la lettre qui se prête, selon la manière dont on la lit, à deux sens opposés, dans *l'Arcadia* (II, scène 18) de Lope. Quant à l'arrivée secrète d'un homme qu'un galant prend pour son rival, c'est une des ressources chères à la comedia. C'est aussi un des procédés auxquels elle a souvent recours que de travestir une «dama» pour inspirer de la jalousie à quelque bel amoureux. Cf., par exemple, *Don Gil de las calzas verdes* de Tirso de Molina.

(1) *Nouveau Théâtre italien*, tome III, Paris, 1733.

nais pas plus que Riccoboni la comedia qui fut la source des *Gelosie fortunate*. Voici cependant quelques faits qui démontrent, mieux qu'un simple «on-dit», qu'elle n'est point imaginaire. G.-A. Cicognini fut en son temps un homme illustre. S'il était vivement attaqué par les défenseurs des prétendues règles d'Aristote, il remportait auprès du public de véritables triomphes, et les éditeurs se disputaient l'impression de ses œuvres. La révolution qu'il accomplit dans l'art dramatique de son pays avait été déjà commencée par son père Jacopo qui, après avoir suivi l'ornière de la vieille comédie, s'était ensuite jeté dans une imitation désordonnée de Lope de Vega Giacinto-Andrea s'engagea résolument sur la même voie. Si on laisse de côté ses «melodrammi», qui intéressent davantage l'histoire de la musique que celle de la littérature, son œuvre dramatique a consisté presque exclusivement à adapter au goût italien les libertés de la mise en scène et le mélange des tons et des personnages qu'il rencontrait dans la comedia. Il n'est donc pas étonnant qu'une bonne partie de ses intrigues lui soit venue du pays qui avait par Naples tant de relations avec le sien. Celle de *Le Gelosie fortunate* était de ce nombre. Nous en avons la preuve dans la préface de la commedia *Amore opera a caso* (1) du marquis Mattias Maria Bartolommei. Après avoir constaté que le succès de G.-A Cicognini lui a fait attribuer un grand nombre d'œuvres qui ne sont pas de lui, il donne la liste de 18 comédies qu'il déclare authentiques, et il ajoute que 6 d'entre elles sont tirées de l'espagnol. Ce sont : *Don Gastone, La Juditta, La Marienne, La Forza del fato, La Statua dell' onore, Il Ruffiano onorato* et enfin *Le Fortunate gelosie del re di Valenza* (2). Le marquis Mattias Maria Bartolom-

(1) Cette commedia a été publiée à Florence en 1668.

(2) Pour vérifier au moins sur une pièce l'assertion du marquis Bartolommei, j'ai comparé la *Marienne* avec son original. Cette «opera tragica» en prose a été publiée sous le titre : «Il maggior mostro del mondo», à Pérouse en 1656, à Venise en 1659 et en 1668, et à Bologne en 1670. C'est, en effet, une imitation assez libre de *El Mayor monstruo los celos y letrarca de Jerusalem* de Calderon. Je n'ai pas poussé plus loin mes recherches. Je ne serais cependant pas surpris que le *Don Gastone*, qui porte comme sous-titre : *La più costante fra le maritate*, fût tiré de *La mas constante mujer* de Montalban. *La forza del fato* s'appelle aussi *Il matrimonio della morte*: le second titre fait songer à la pièce de Lope : *El casamiento en la muerte*. Enfin il n'est pas impossible que *Il Ruffiano onorato* vienne de la comedia de Cervantes : *El Rufian dichoso*. Une étude approfondie des comédies attribuées à Cicognini les rattacherait, je crois, en très grand nombre à un original espagnol. Je ne parle pas seulement de celles dont le titre, comme celui de *Il segreto in pubblico*, semble déjà une traduction (Cf. *El secreto à voces* de Calderon). Dans *La Innocenza difesa nel castigo dell'empio* (Bologne, chez Antonio Pisarri, 1668), il est question d'une lettre que la duchesse d'Altatorre écrirait

mei, qui vivait à la même époque que G -A. Cicognini, semble trop préoccupé de sa gloire pour que nous refusions d'ajouter foi aux renseignements qu'il nous donne.

Molière a-t-il connu l'original espagnol de *Le Gelosie fortunate?* Je le crois, mais, jusqu'à ce que je l'aie découvert, je ne puis naturellement pas en donner la preuve. Je puis seulement faire remarquer que *Dom Garcie* a une couleur plus espagnole que *Le Gelosie fortunate*. Sans doute, on n'y retrouve pas le «gracioso» dont je soupçonne le Cortadiglio de Cicognini de n'être qu'une transformation à l'italienne. Mais ce valet de comedia, auquel Molière ne doit pas moins qu'au *zanni*, eût rendu fort difficile l'unité de ton d'une comédie héroïque (1). En revanche, on ne retrouve plus dans *Dom Garcie* ce prologue entre l'Amour et la Jalousie qui nous montre le drame italien évoluant vers l'opéra. On n'y retrouve pas davantage ce personnage de Teobaldo qui rappelle si

au fils de Saül. Voilà une duchesse qui sent étrangement son Espagne. Peut-être Cicognini l'a-t il empruntée à une comedia de Lope dont je ne connais que le titre : *David perseguido y montes de Gelboé.*

(1) L'édition de 1734 appelle *Dom Garcie* une «comédie héroïque», et ce titre est bien celui qui convient à la pièce. Peut-être le titre primitif de comédie n'était-il qu'une traduction de *comedia.*

bien un «masque» de la *commedia dell' arte* qu'il
en deviendra un, en effet, dans la tragi-comédie
de Riccoboni. Molière a également supprimé tous
les traits de ce libertinage voluptueux que l'Italie
a tant aimé et que ne connaît point la comedia.
Il a, au contraire, mis en lumière les sentiments
dont l'Espagne a fait la première une si forte et
si savoureuse peinture, la vengeance qu'Elvire
croit devoir à sa gloire offensée, et la jalousie de
son amant. Enfin, les scènes (1) qui mettent aux
prises dom Sylve et dom Garcie font sentir derrière la politesse française une saveur castillane.
C'est bien l'allure de deux «galanes» qui se font
un point d'honneur de leur amour (2).

Directement ou indirectement, que doit donc
Molière à l'Espagne avec *Dom Garcie?* Il lui doit
surtout de s'être exercé à manier d'autres ressorts
que ceux qui semblaient indispensables à la comédie. S'il y avait dans la *commedia dell' arte* trans-
formée par les farceurs français des types dont
la burlesque représentation pouvait lui suggérer

(1) III, 3 et 4.
(2) N'est-ce point aussi un trait bien espagnol que la réplique de
done Ignès à dom Sylve qui sait enfin qu'il est dom Alphouse (V,
5)? Elle se refuse à le reconnaître coupable pour avoir aimé done
Elvire ; car, s'il l'avait été, son «noble orgueil» lui refuserait l'oubli
et le pardon.

l'idée de peindre des caractères, ces «masques» étaient loin de lui offrir des physionomies d'une vivante généralité. Ils ne se développaient point dans les divers canevas par un progrès de l'observation, mais par une pure fantaisie de l'imagination. Ils ne se renouvelaient pas, ils se répétaient. Ils n'enseignaient point le portrait; ils habituaient à la caricature, et à la caricature la plus dangereuse, puisqu'elle était toute de convention. Pour que Molière s'élève à la grande comédie, il faudra qu'il leur ôte leur masque et qu'il renonce aux effets grossiers de la farce comme aux *lazzi* licencieux et grotesques (1) de la *commedia dell' arte*. Il n'y pourra réussir qu'en mettant à leur place une vive peinture du cœur humain. C'est précisément ce qu'il essaie de faire dans *Dom Garcie*. Je ne connais que dans l'italien, mais je voudrais bien connaître dans l'espagnol la scène qui nous peint si fortement les égarements de la jalousie, l'émouvante scène où le prince de Navarre, sachant qu'il lui en coûtera son amour, contraint pourtant la princesse de Léon à l'humiliante né-

(1) Dans la dédicace de son *Prince jaloux*, Louis Riccoboni, pour s'excuser de n'écrire entièrement que la moitié de sa pièce, déclare que le reste est «un poco troppo caricato e troppo libertino». Ce reste, qui est une *commedia dell' arte*, est assez bien caractérisé par ces deux épithètes.

cessité de se justifier (1). Je crois que, si on la découvrait, on ne trouverait point dans la comedia
originale les brutales injures du Rodrigo des *Gelosie* ni les répliques assez indécentes de sa Del-
mira. Mais je serais fort surpris que Molière ne
lui dût point la plupart des beautés qu'on attribue
à Cicognini.

Molière doit plus et mieux à *Dom Garcie*. Il lui
doit de n'avoir pas réussi. Le succès de sa pièce
l'aurait peut-être égaré quelque temps. Son échec
l'a rapproché de sa véritable voie. Mais son excur-
sion dans le domaine de la comedia ne lui a pas
rendu un médiocre service. Elle lui a fait comprendre que le poète comique peut transporter dans
son œuvre une partie de la matière tragique et
qu'il s'élève ainsi à une conception plus haute et
plus large de son art. Les ressorts de la comedia
n'étaient pas autre chose que les mobiles essentiels de la vie espagnole. En s'exerçant à les manier, Molière s'aperçoit que le véritable amour
est une source de rires aussi bien que de pleurs,
et que l'honneur, qui n'est qu'une forme spéciale
de la vanité ou de la jalousie, offre, à qui sait lui
donner une plus humaine couleur, le sujet de
peintures aussi profondes que plaisantes. Je n'exa-

(1) Dois-je rappeler que c'est la scène 8 de l'acte IV ?

gère point l'importance de *Dom Garcie*. N'y voit-on pas, en effet, la meilleure transition entre les œuvres de début et les grandes comédies de Molière? Le couplet en vers libres par lequel Jupiter demande sa grâce à Alcmène avait d'abord été écrit en alexandrins dans *Dom Garcie* (1). Tartuffe lui-même parlera parfois comme le prince de Navarre (2). Armande défendra auprès de Clitandre les «droits des premières flammes» avec les mots que donc Elvire avait déjà dits à dom Sylve (3), et ce n'est point à une autre héroïne qu'Henriette empruntera les sentiments qu'elle exprime pour détourner Trissotin de la rechercher en mariage (4). Ai-je enfin besoin de rappeler les nombreux emprunts faits par le *Misanthrope* à *Dom Garcie?* Molière a commencé par peindre le dépit amoureux (5). Avec son Prince jaloux, il a peut-être

(1) Cf. *Dom Garcie*, II, 6, et *Amphytrion*, II, 6.

(2) Cf. *Dom Garcie*, II, 6 :

> «Moins on mérite un bien qu'on nous fait espérer,
> Plus notre âme a de peine à pouvoir s'assurer», etc.

et *Tartuffe*, IV, 5 :

> «Moins on mérite un bien, moins on l'ose espérer;
> Nos vœux sur des discours ont peine à s'assurer», etc.

(3) Cf. *Dom Garcie*, III, 2, et *Les Femmes savantes*, IV, 2.

(4) Cf. *Dom Garcie*, V, 5, et *Les Femmes savantes*, V, 1.

(5) La fin de la scène 6 de l'acte II de *Dom Garcie* n'est qu'une reprise, sur un autre ton, de la fin de la fameuse scène du *Dépit amoureux*.

élevé trop haut le ton de la comédie, mais n'était-ce pas le meilleur moyen de préparer la création de son Atrabilaire amoureux ? (1). Le Misanthrope, c'est le prince de Navarre revu et corrigé, transporté de l'Espagne en France et de la tragi-comédie dans la comédie. Aussi je veux bien qu'il y ait parfois quelque obscurité et quelque embarras dans les vers de *Dom Garcie* et quelque froideur peut-être dans son intrigue (2). La pièce n'en présente pas moins le plus grand intérêt, parce qu'elle jette une vive lumière sur l'évolution du génie de son auteur et sur la part que l'Espagne peut y revendiquer.

Dans une ingénieuse et pénétrante étude sur Molière et la farce (3), M. Lanson fait remarquer que notre grand comique a d'abord suivi deux voies différentes (4), et que c'est la farce beaucoup plutôt

(1) C'est là, comme on le sait, le sous-titre que Molière avait d'abord donné à son *Misanthrope*.

(2) On a beaucoup reproché à cette intrigue de trop bien justifier la jalousie de dom Garcie et de n'être pas ainsi sans quelque invraisemblance. Ce reproche est au moins exagéré. Elvire laisse assez entendre son amour pour être légitimement offensée des soupçons de son amant; et, après les avoir excusés et détruits plus d'une fois, elle a le droit d'exiger de dom Garcie la preuve de confiance qu'elle lui demande.

(3) *Revue de Paris*, 1er mai 1901.

(4) D'une part *L'Étourdi*, *Le Dépit*. *Dom Garcie*, et, de l'autre, les premières farces, *Les Précieuses*, *Sganarelle*.

que la comédie littéraire qui l'a mené aux manifestations supérieures de son génie. «S'étonnera-t-on,
dit-il, que celui qui a fait converser Mascarille et
Madelon ait ensuite exprimé l'avare ou l'hypocrite?
S'étonnera-t-on que celui qui a montré les imaginations de Sganarelle crée Arnolphe et ses terreurs,
ou Chrysale et ses colères ? ». Mais ne pourrait-on
pas dire aussi: Faut-il s'étonner que celui qui a
écrit les fameuses scènes du *Dépit* ait peint ensuite
l'amour au naturel? Faut-il s'étonner que celui qui
a montré la jalousie de dom Garcie ait créé le caractère du Misanthrope ? — Molière a écrit, il est vrai,
deux sortes de pièces à ses débuts, mais je ne vois
guère qu'une distinction indiscutable à faire entre
elles, c'est que les unes sont en cinq actes et les
autres en un seul. Il y a de la farce dans le *Dépit*
comme il y a de la comédie dans les *Précieuses*.
L'*Étourdi* a beau demander presque toutes ses
ressources à l'intrigue ; les coups de bâton n'y font
point défaut, et le dos de Lélie en saurait bien que
dire. Mascarille et Gros-René jouent avec la même
aisance leur rôle dans les grandes comme dans les
petites pièces. *Sganarelle* est évidemment une farce
et il n'y manque pourtant ni le vers ni l'intrigue de
la comédie dite littéraire.

Molière, à ses débuts, n'hésite pas entre deux

formes et deux inspirations. Il écrit en un acte ou
en cinq, selon les besoins de sa troupe et les loisirs
que lui laisse son double métier de directeur et
d'auteur. Il s'exerce, ainsi que l'ont fait d'abord
tous les grands génies, dans les divers genres à la
mode. Mais s'il subit des influences différentes, il
ne se laisse asservir par aucune. Il les met toutes à
profit, comme, avec un art toujours plus original,
il ne cessera point de le faire jusqu'à la fin de sa
carrière. La *commedia dell' arte* lui offre des «masques» que parfois il accepte à peu près tels que la
tradition les lui livre (1), que le plus souvent il modifie d'après la méthode déjà employée par les farceurs du Pont-Neuf ou de l'Hôtel de Bourgogne.
La *commedia sostenuta* lui fait voir comment on
mêle et démêle les fils d'une intrigue. Le théâtre
français contemporain lui fournit plus d'une plaisanterie et plus d'une situation. Notre ancienne
farce, celle des XVe et XVIe siècles, lui donne un
peu de sa saveur gauloise en attendant qu'elle

(1) Cf. les premières farces et le pédant du *Dépit* qui dérive
beaucoup moins du *Déniaisé* de Gillet de la Tessonnerie que de la
commedia dell' arte et des emprunts que lui avait déjà faits la
commedia sostenuta. La scène (II, 6) entre Métaphraste et Albert
rappelle assez directement une scène (III, 1) de *Gl' Ingiusti sdegni*
de Bernardino Pino da Cagli.

l'achemine vers la peinture des conditions sociales (1).

Ces éléments suffisent-ils à nous expliquer la composition de son génie ? Je ne le pense pas. Il me semble qu'il y faut ajouter le ferment espagnol. La comédie littéraire de la France aussi bien que de l'Italie ne pouvait guère donner à Molière que des exemples d'un mouvement dramatique trop souvent demandé à l'imbroglio et au quiproquo. La farce du XVIIe siècle ne lui indiquait pas davantage le véritable comique, puisque, si elle ne le cherchait point dans l'intrigue, elle ne le tirait pas non plus de la réalité, mais presque uniquement de la convention. Ses «masques» n'étaient pas moins faux que les caricatures de la comédie littéraire qui raillaient d'ailleurs les mêmes types pour obtenir les mêmes effets grotesques (2). La comedia espagnole présentait à

(1) Sur ce rôle de l'ancienne farce française dans la formation du génie de Molière, Cf. l'étude déjà citée de M. Lanson, p. 150 à 152.

(2) Pour ne citer que des comédies jouées ou lues par Molière, croit-on que dans *Le Pédant joué* de Cyrano, dans *Le Parasite* de Tristan ou dans *Le Campagnard* de Gillet de la Tessonnerie, les personnages chargés de soulever le rire soient autres que dans la *commedia dell' arte* ? Pas plus dans les canevas italiens que dans les pièces françaises qui les mettent à contribution, le capitan et le pédant, le paysan et le parasite ne sont des exemplaires d'une humanité générale. S'ils perdent à Paris quelques-uns des traits qui manifestaient leur origine locale, leur physionomie n'en accuse que mieux leur nature conventionnelle.

à Molière d'autres peintures et d'autres ressources. Elle ne valait pas seulement par l'intrigue ; elle valait surtout par l'art avec lequel elle avait su parfois manier les éternels ressorts de l'activité humaine. Il est vrai que pour trouver en elle les suggestions nécessaires à la création de la grande comédie, il fallait autant de génie qu'il en avait fallu à Pierre Corneille pour y découvrir l'inspiration de sa tragédie. Pour ne pas se laisser égarer par elle à la suite de Scarron, et pour distinguer à travers ses gongorismes et son burlesque que le comique jaillit de la même source que le tragique, il fallait les yeux de celui qui fut si justement appelé le Contemplateur.

CHAPITRE TROISIÈME

Vers la grande comédie

Vers la grande comédie

L'échec de *Dom Garcie* ne fit nullement renoncer
Molière à faire appel à la comedia. C'est sans doute
la preuve qu'il y voyait les meilleures ressources
pour le développement original de son art. Il
n'eut point d'ailleurs à se repentir de cette obstination, puisqu'il lui dut de rencontrer les éléments
essentiels de la pièce qui commença à asseoir définitivement sa réputation et qui n'a guère depuis
lors quitté le répertoire (1).

C'est un des sujets ordinaires de la satire et de la
comédie de tous les pays et de tous les temps que
la peinture plaisante des ruses et des perversités

(1) Cf. A. JOANNIDÈS. — La Comédie-Française de 1680 à 1900.
Paris, 1901.

L'École des Maris est une des pièces de Molière les plus souvent
jouées de 1680 à 1900 (1211 fois). C'est même la pièce la plus souvent
jouée de 1781 à 1810.

féminines (1). Est-ce de la part des hommes, c'est-à-dire des maris, comme une revanche et comme une excuse? Toujours est-il que la liste est longue, dans la littérature, des voies et moyens inventés par les femmes pour infliger aux hommes la chose que tantôt ils n'osent nommer, et que tantôt, par bravade, ils étalent en deux syllabes sonores. Ces sortes de plaisanteries furent toujours faciles, et il est vrai de dire qu'elles n'étaient point mauvaises, puisqu'elles produisaient toujours leur effet. Mais il importait de leur donner un sens et une conclusion, et de bonne heure s'est posé le grave problème des responsabilités. A qui la faute ? Nos bons aïeux n'hésitaient guère, si nous en croyons leurs fabliaux. Pour eux, la femme était l'animal trompeur par excellence, et ils ne s'étonnaient pas plus de ses subtiles infidélités que des ruses du goupil. Les nouvelles italiennes de la Renaissance nous tracent un portrait analogue, et ce n'est pas leur lecture qu'il faudrait conseiller pour engager au mariage. La femme y apparaît plus consciente d'elle-même et de son charme, mais sa personnalité qui grandit se manifeste surtout dans les trom-

(1) L'étude des sources de *l'Ecole des Maris* que je reproduis ici a déjà paru dans la *Revue d'histoire littéraire de la France* le 15 janvier 1898.

peries qu'elle imagine pour satisfaire les raffinements de sa volupté.

La comedia espagnole est loin d'avoir renoncé à cette source inépuisable d'intrigues et de plaisanteries. Mais ses héroïnes, sans être toujours des modèles de vertu, peuvent donner de leurs ruses une raison moins immorale que les femmes du *Décaméron*. Pour ne citer que le « fenix » des auteurs espagnols, lisez *El Mayor imposible*, *El Acero de Madrid* ou *La Discreta enamorada*. Ces trois comedias vous laisseront la même impression. La femme n'a peut-être pas tous les torts quand elle use de toute sa souplesse pour échapper aux contraintes souvent maladroites ou odieuses qui pèsent sur elle. C'est un leurre, sans doute, que de vouloir la garder malgré elle Mais ne serait-ce point aussi une injustice ? Et voici que le problème change d'aspect et que les responsabilités se déplacent. Si la femme est infidèle, à qui la faute? Le grand coupable n'est-il pas le mari ? Oui certes, dit Mendoza dans son ingénieuse comedia *El Marido hace mujer*. Les ruses de la femme ne nous apparaissent plus comme la marque d'une nature mauvaise éprise d'une malsaine volupté; elles sont la revanche ironique de la faiblesse froissée contre la force brutale; elles ne fournissent plus seulement quelques satires et quelques ironies, elles peuvent devenir la matière d'une comédie qui, en mettant aux prises les deux sexes, nous donne sur leurs rapports des leçons profondément humaines. Cette comédie existe. Elle s'appelle l'*Ecole des Maris*. Molière a eu recours, pour l'écrire, à ses fournisseurs ordinaires. Il n'en est pas qui puisse lui présenter un compte aussi important que celui de la comedia espagnole.

La comédie ancienne ne pouvait pas fournir beaucoup à l'*Ecole des Maris*. La femme, courtisane d'ordinaire et quelquefois libre, y joue toujours un rôle effacé. Elle est la proie que les ruses de l'esclave veulent ravir pour le jeune maître. Sa personnalité ne s'est point encore éveillée. Ses désirs sont pâles et hésitants. Ils ne deviennent jamais des ardeurs résolues, prêtes à opposer elles-mêmes la tromperie à la violence, la liberté de l'esprit à l'esclavage du corps. L'antiquité pouvait connaître et a connu, avec les *Adelphes*, l'école des pères. Ses conditions sociales lui interdisaient la moindre idée d'une école des maris. On voit bien chez Térence deux systèmes d'éducation qui sont mis en opposition et qui d'ailleurs donnent tous deux d'assez médiocres résultats.

Mais on n'élève pas une jeune femme comme un jeune homme. Et la seule indication que Molière pouvait emprunter aux *Adelphes*, l'antithèse chez deux frères de la douceur bienveillante et de la sévérité grondeuse, c'est certainement chez Mendoza qu'il l'a rencontrée.

Où donc a-t-il trouvé l'idée première de sa comédie? On en pourrait chercher le germe dans la troisième nouvelle de la troisième journée du Décaméron. Une dame aime un jeune gentilhomme et ne sait comment lui faire connaître son amour. Un jour, au confessionnal même elle se plaint à un moine qu'elle est poursuivie par ce gentilhomme, et elle le prie de remettre à ce galant impertinent une ceinture et une bourse que, dit-elle, elle a reçues de lui. Le confesseur s'acquitte de la commission, et le jeune homme voit dans le cadeau déguisé qu'on lui fait l'assurance de son bonheur prochain. Et il ne se trompe pas. Ici, plus d'esclave fourbe comme dans la comédie ancienne. La femme a conscience de sa personnalité. Elle ne se laisse pas prendre, elle se donne. C'est elle qui fait le premier pas, et il ne lui coûte guère. Elle est aussi rusée que les héroïnes de nos fabliaux, mais elle est plus fine et plus voluptueuse. C'est une Italienne de la Renaissance. Si Molière a lu cette nouvelle du

Décaméron, elle lui a sans doute paru plaisante. Mais que pouvait-elle lui fournir? Une ou deux scènes de comédie. Et encore on n'aurait supporté au théâtre ni le rôle du confesseur ni l'hypocrite impudeur de la dame. L'*Ecole des Maris* n'est pas sortie de la lecture de Boccace.

Le théâtre contemporain offrait à Molière des indications plus précieuses et dont il convient d'ailleurs de chercher plus d'une fois l'origine en Espagne. Notre grand comique était trop habile directeur de troupe pour négliger une occasion d'attirer la foule, pour ne pas saisir au vol les sujets qui étaient dans l'air. Il a écrit son *Dom Juan* pour plusieurs raisons, dont la moindre n'est peut-être pas le succès du *Festin de pierre* de Villiers. Il a dû songer à l'*Ecole des Maris* en lisant la *Folle gageure* de Boisrobert et la *Femme industrieuse* de Dorimond.

La *Folle gageure, ou les divertissements de la comtesse de Pembroc*, est une assez médiocre traduction de Lope. L'original s'appelle *El Mayor impossible*, le comble de l'impossible. L'intrigue en est parfois assez froidement romanesque, mais elle met avec esprit en lumière cette pensée qui revient comme un refrain :

...el imposible mayor	(Le comble de l'impossible
para las cosas humanas	pour ce qui relève de l'homme
es guardar una mujer,	c'est de garder une femme,
si ella misma no se guar-	si elle ne se garde pas elle-
[da».	[même).

Le Lidamant de Boisrobert exprime ainsi la même idée :

> «Je lui soutiens, Madame, et veux gager de plus
> Qu'une femme qu'on garde, eût-elle cent Argus,
> Si son cœur y consent, peut avoir des nouvelles
> De l'amant qui la sert malgré ses sentinelles ;
> Qu'Amour en ses desseins tout seul la peut aider,
> Et qu'il est impossible enfin de la garder» (I, 2).

En vain Télame exerce-t-il une surveillance de plus en plus étroite sur sa sœur Diane ; Lidamant introduit tour à tour dans la maison qu'on garde et qu'on verrouille son portrait, son valet et sa propre personne, et le triomphe de l'amour s'affirme à la fin par un enlèvement et un mariage. La pièce de Boisrobert, qui fut jouée en 1651, eut un assez vif succès, et elle fut loin de tomber depuis dans l'oubli, puisqu'elle obtint en 1737 les honneurs d'une réimpression dans le *Recueil des meilleures pièces de théâtre* (tome VI). Comme elle met en lumière la même moralité, il est naturel de supposer que c'est en la lisant que Molière a senti s'éveiller en son imagination l'idée de l'*Ecole des Maris*.

La *Femme industrieuse* (1) lui indiquait le moyen d'en tirer parti en une intrigue nouvelle (2). C'est une suite de quatorze scènes, en général fort plates, où apparaissent tour à tour une dame très délurée sous des dehors vertueux, un pédant bavard, un valet soucieux de « remplir sa bedaine » et un capitan dont la bouche ne laisse guère échapper que des abstractions grotesques ou de grossières plaisanteries. Quoi qu'en disent les frères Parfait, je ne crois pas que Dorimond se soit inspiré d'une comédie espagnole. Il n'a sans doute lu que Boccace, et sa seule originalité consiste à remplacer le confesseur du Décaméron par un insupportable docteur. Son Isabelle est rouée comme les femmes des nouvelles italiennes, et ses autres personnages sont des types bien connus de la *commedia dell' arte*. Molière lui a emprunté peut-être le nom de son héroïne, et certainement la donnée de son se-

___

(1) Le privilège est daté du 26 mars 1661. (Paris, chez Jean Ribou, sur le quai des Augustins, à l'Image St Louis).

(2) M. Despois (dans la notice de son édition de Molière, t. II) écarte assez légèrement Dorimond. «C'est, dit-il, lui faire trop d'honneur que de supposer que Molière a pu lui emprunter quelque chose». Certes l'honneur est grand, mais Molière ne dédaignait personne et il prenait son bien partout.

cond acte. Dans la farce de Dorimond, Isabelle, en priant le docteur de morigéner Léandre, apprend ainsi au jeune homme d'abord qu'elle l'aime, puis qu'elle ira chercher ses lettres dans une fente de la porte, enfin qu'elle le recevra dans sa chambre lorsqu'il aura sauté le mur du jardin. L'Isabelle de Molière n'agit pas autrement; c'est toujours Sganarelle qu'elle charge d'adresser à Valère des reproches qui sont des commissions déguisées.

Ce n'est pourtant pas à Dorimond que Molière doit la grande scène de son second acte. Il y a dans certains exemplaires de l'édition originale une gravure où l'on voit Isabelle feindre d'embrasser Sganarelle, tout en donnant sa main à baiser à Valère. Ce tableau piquant, par lequel on avait cru résumer la pièce, Molière en a trouvé l'idée dans *La Discreta enamorada* de Lope. M. de Latour (1) se montre fort injuste pour cette comedia qu'il déclare «sotte et ennuyeuse». Sans doute, elle offre plus d'une invraisemblance. On y trouve des scènes qui conviendraient mieux à un «entremes». Mais il en est d'autres où Lope développe avec esprit le thème indiqué par Boccace. Sa Fenisa se sert fort habilement du capitan Bernardo, qu'on

______

(1) Cf. Notice de la grande édition Despois-Mesnard.

7

veut lui imposer, pour apprendre à son fils Lucindo qu'il n'aurait point à se repentir de songer à
elle (1). Son adresse souple, qui justifie son triomphe, n'est jamais plus ingénieuse que dans la scène
dont Molière s'est le mieux souvenu. Le capitan
présente son fils à celle qu'il veut lui donner pour
marâtre. Lucindo demande à baiser «sa belle
main». — «Belle est de trop, dit son père. Lève-
toi; je n'aime pas à voir baiser avec des épithètes. — Que vous importe, puisque vous êtes mon
père? — Tu n'as pas besoin de le répéter sans
cesse». Les impatiences du capitan n'empêchent
point Fenisa de laisser entendre son amour à son
fils. «Que Dieu te donne, lui dit-elle, la femme
qu'il te faut et que je te souhaite. Qu'il t'inspire
tant d'affection pour moi que je ne paraisse plus
ta belle-mère et que je puisse te croire mon mari».
N'est-ce pas le ton d'Isabelle disant à Valère en
s'adressant à Sganarelle :

> «De telles libertés doivent m'être données;
> Et je puis, sans rougir, faire un aveu si doux
> A celui que déjà je regarde en époux»?

Fenisa ne se contente pas de ces paroles à double entente. Elle feint de choir pour permettre à

(1) Cf. *La Discreta enamorada*, I, 7 et I, 15; II, 17 et II, 20.

Lucindo de l'embrasser en la relevant. N'est-ce pas encore à son école qu'Isabelle a appris l'art de donner à son amoureux sa main à baiser, tandis qu'elle fait semblant d'embrasser un tuteur qui veut confondre le jeune homme ?

On voit maintenant où l'on peut chercher l'idée première de l'*Ecole des Maris* et la disposition de son second acte. La *Folle gageure*, c'est-à-dire *El Mayor imposible*, faisait ressortir la même moralité. La *Femme industrieuse* et *La Discreta enamorada* enseignaient à Isabelle une bonne partie de sa finesse et de ses ruses. Mais il manquait encore deux éléments essentiels à l'intrigue et au comique. Pour qu'il y ait une école des maris, il faut qu'il y ait une opposition entre deux conceptions du mariage. Pour que cette opposition soit plaisante, il faut qu'un des deux maris soit victime de son système. Ni Boccace, ni Lope, ni Boisrobert, ni Dorimond ne donnaient à Molière cette indication, la plus utile de toutes. L'honneur en revient à don Antonio Hurtado de Mendoza. Ce grand seigneur, qui fut commandeur de Zurita dans l'ordre de Calatrava, jouit à la cour du *Buen Retiro* d'une grande réputation d'esprit et d'élégance. On ne lit plus guère aujourd'hui ses œuvres lyriques où fleurit, jusqu'en ses plus étranges excès, la préciosité espagnole. Ses comedias ne sont point exemptes de ce mauvais goût. Il en est une pourtant qui, au lieu de rechercher les «conceptos» les plus subtils, s'attache à mettre en lumière dans une intrigue ingénieuse une idée piquante et des caractères naturels. Elle fut représentée dans le palais royal de Madrid en 1643, sous le titre suivant : *El Marido hace mujer, y el trato muda costumbre* (c'est le mari qui fait la femme, ou les mœurs changent avec les traitements). Ne reconnaissez-vous pas déjà le vers de Sganarelle :

Ma foi, les filles sont ce que l'on les fait être?

Mendoza a d'autres créances, et de plus sérieuses, à présenter à Molière.

Les deux frères, don Juan et don Sancho, viennent d'épouser les deux sœurs, doña Leonor (1) et doña Juana. Les premières scènes nous montrent en un dialogue assez délicat les sentiments des nouveaux époux. Léonor, qui aimait don Diego, ne s'est mariée qu'à contre-cœur. Elle est bien résolue à ne pas entrer dans la maison nuptiale comme en une prison, à ne pas devenir esclave en devenant femme. Juana a plus de rési-

---

(1) Il n'est peut-être pas inutile de remarquer que Molière a donné le même nom à la sœur d'Isabelle.

gnation. Elle sait très bien qu'elle renonce à sa liberté, et elle le dit avec mélancolie. Les deux sœurs vont bientôt changer d'idée. Le frère aîné, don Juan, ne veut user que de douceur. Il reçoit, par erreur, un billet que don Diego a adressé à sa femme. Mais, comme son honneur n'est pas encore perdu, il essaie de le sauver à force de confiance, au lieu d'ensanglanter sa demeure sur un simple soupçon. Aussi, loin de refuser à Leonor l'autorisation d'aller se promener au Prado, il l'engage si bien à sortir qu'elle n'en éprouve plus le besoin. Don Sancho suit la méthode opposée. Il exaspère Juana par ses injustes et incessantes défiances. On devine le résultat. La douceur de don Juan lui conquiert l'amour de sa femme et l'estime respectueuse de don Diego. La rudesse brutale de son frère suggère au même don Diego l'idée d'en profiter, et à sa femme le désir et l'occasion de se venger. Aussi ce n'est point sa belle-sœur, comme il le croit, mais Juana que don Sancho rencontre au Prado en trop bonne compagnie, et les railleries qu'il adresse ensuite à don Juan sont d'autant plus plaisantes que le spectateur les fait retomber sur lui. N'est-ce pas là dans l'*Ecole des Maris* la matière du premier acte et d'une partie du troisième ? Chez Molière comme chez Mendoza, ce sont deux frères qui épousent deux sœurs, et c'est l'aîné à qui son expérience conseille la confiance et la bonté. Comme don Sancho, Sganarelle refuse à Isabelle la permission de sortir et s'imagine d'abord que sa méthode lui réussit : il raille, comme lui, son frère, et, comme lui enfin, il est victime de ses défiances et de ses rigueurs.

Mendoza n'a pas seulement suggéré à Molière la meilleure partie de son intrigue. Il lui a fourni plus d'un trait pour la peinture de ses deux frères. Don Sancho peut se reconnaître dans Sganarelle. Sa rudesse sèche et entêtée se manifeste par les mêmes actes, par les mêmes goûts et parfois par les mêmes expressions. Ecoutez-le railler don Juan : «Muy de lo hermano mayor os portais» (vous faites bien le frère aîné). Ne croirait-on pas entendre Sganarelle : «Monsieur mon frère aîné, car, Dieu merci, vous l'êtes»?

Lorsque Valère se présente à Sganarelle, il est accueilli avec la brusquerie que don Diego avait rencontrée chez don Sancho. Quand il le traite de «bizarre fou», il ne fait guère que traduire l'épithète espagnole de «majadero». Ne demandez pas plus à don Sancho qu'à Sganarelle de goûter les modes nouvelles. Il ne voit dans la toilette qu'une dangereuse importunité. Peu lui importe d'ailleurs le jugement qu'on exprimera sur son compte. Qu'on l'appelle sot ou cruel, grossier ou fou, il consent à mériter toutes ces épithètes, pourvu «qu'il ne soit pas ce qu'il pourrait être». Sganarelle ne dira pas avec moins de brutalité :

Enfin, la chair est faible, et j'entends tous les bruits :
Je ne veux point porter de cornes, si je puis (I, 2).

Don Juan fait avec don Sancho le même contraste qu'Ariste avec Sganarelle. C'est un des personnages les plus originaux de la comedia. Il a le sentiment de son honneur, mais il ne le laisse pas devenir une jalousie perpétuellement fiévreuse. Il ne tue pas au moindre doute. Il excuse une amourette de jeune fille, et il essaie de sauver sa femme par le spectacle de sa loyauté confiante. Don Juan ferait tache dans les comedias héroïques dont il annonce la décadence. Il montre déjà l'humanité des personnages de Molière. Il est un sage, il est un Ariste. Don Sancho veut imposer à sa femme des lois et des grilles («leyes, grillos a mi esposa»). Don Juan n'ignore pas plus qu'Ariste que

Les soins défiants, les verrous et les grilles
Ne font pas la vertu des femmes et des filles (I, 2).

Entourer doña Juana des plus minutieuses surveillances, c'est, d'après son beau-frère, lui retirer le mérite et le goût de la fidélité. Et c'est aussi lui suggérer le désir du mal :

Que es decir a una mujer	(Dire à une femme
todo lo que no ha de hacer	tout ce qu'elle ne doit pas
decirla que pueda hacerlo.	[faire,
	c'est lui dire qu'elle peut
	[le faire).

Lisette ne s'exprimera pas autrement :

C'est nous inspirer presque un désir de pécher
Que montrer tant de soins à nous en empêcher (I, 2).

Comment hésiter maintenant à conclure que c'est à Mendoza que Molière est le plus redevable?

Et n'est-ce point la merveille du génie de notre grand comique qu'il faille aussitôt ajouter : C'est quand elle est le plus directe que son imitation reste le plus originale? L'intrigue de *El Marido hace mujer* est assurément d'une ingénieuse complexité. Mais on ne supporte pas sans peine une femme qui, le lendemain même de ses noces, se dispose à se venger de son mari. Mais doña Juana manque un peu de grâce fine et de perfidie souple. Molière évite ces faiblesses. Lope et Dorimond l'aident à donner à son Isabelle cette ingénuité féline qui révèle la femme à travers la jeune fille. Seul enfin, son sens dramatique lui inspire l'idée de mettre la scène avant le mariage. La situation qu'il emprunte à Mendoza prend ainsi plus de décence et de naturel. Mais comment alors donner à ses deux frères l'autorité qu'ils doivent avoir sur les deux sœurs pour que l'intrigue soit possible? Molière imagine qu'Ariste et Sganarelle sont les tuteurs de Leonor et d'Isabelle. Et, pour que sa thèse prenne plus de force encore, il vieillit le frère aîné qui n'en a que plus de mérite à se faire aimer. Ces transformations en amenaient une dernière. Molière corrige le dénouement assez invraisemblable de Mendoza. Dans *El Marido hace mujer*, don Fernando, oncle des deux sœurs, reprend avec lui doña Juana pour la soustraire aux soins défiants de don Sancho, et il compte sur l'intervention du « vicario » comme sur un « deus ex machina ». Molière corrige cette maladresse. De la maison où elle est étroitement surveillée, il fait sortir son Isabelle que Sganarelle prend pour Leonor, et, tandis que son jaloux grondeur croit donner à Valère la pupille de son frère, il lui fait signer un contrat de mariage qui lui enlève tous ses droits. Ces deux thèmes d'intrigue ne sont pas nouveaux. On les rencontre souvent dans la comédie italienne, écrite ou improvisée.

Mais ils sont originaux chez Molière par la place et
la portée nouvelle qu'il leur donne.

L'*Ecole des Maris* doit beaucoup à l'Espagne,
et pourtant il n'y a rien en elle qui sente l'espagnol. Elle porte la marque de son temps et de son
pays; elle montre surtout la griffe de son
auteur. Elle est de l'année où Valère conseillait
à Sganarelle d'aller voir

> ..... cette magnificence
> que de notre Dauphin prépare la naissance.

Ces vers, ajoutés par Molière cinq mois au
moins après la première représentation de sa
comédie, ne sont pas les seuls qui nous montrent
chez lui le désir de dater sa pièce. Sganarelle a
beau être de la famille de don Sancho, Il est surtout un de ces bourgeois de 1660 qui se refusaient
à porter, comme les «jeunes muguets», les grands
collets et les «cotillons», et qui s'obstinaient à
rester fidèles au bon «pourpoint bien long et fermé
comme il faut». Sa servante et sa pupille sont encore plus parisiennes que lui. Lisette, qui joue
dans l'*Ecole des Maris* le rôle de l'Inès de Mendoza, n'a rien emprunté aux plaisanteries des
«graciosas». Elle a ses boutades à elle qui n'ont pu

fleurir que sur la terre de l'esprit gaulois et dans une ville auprès de laquelle les provinces

«Sont des lieux solitaires».

Isabelle est, sinon de la même famille, du moins de la même race. Elle n'a ni la perverse volupté d'une Italienne, ni les ardeurs brusques d'une Espagnole. Elle ne se sert de la ruse que parce qu'on l'y contraint :

> Je fais, pour une fille, un projet bien hardi,
> Mais l'injuste rigueur dont envers moi l'on use
> Dans tout esprit bien fait me servira d'excuse.

Elle aime Valère ; elle ne se décide pourtant à le lui apprendre que parce qu'elle est menacée de se marier dans six jours. Voilà pourquoi elle passe «sur des formalités où la bienséance du sexe oblige», mais à la condition «qu'un heureux hymen affranchisse son sort». Sa raison ne l'abandonne jamais. Elle est bien française, car elle est bien humaine.

C'est cette humanité profonde qui, en dernière analyse, fait la grande originalité de Molière et lui permet de faire appel à la comedia sans être égaré par elle comme le furent, malgré leur talent, tant d'habiles adaptateurs, comme le fut à la fin de sa carrière, et malgré tout son génie, celui qui le premier en France avait trouvé en elle les véritables ressorts du drame moderne. L'Italie nous avait montré, après nos fabliaux, la femme éprise par tempérament de ruses souples et perfides. L'Espagne, où les Maures avaient apporté les ardeurs de leur jalousie, s'était enfin aperçu que le mari, par ses étroites et mesquines surveillances, est souvent la cause des tromperies dont il est la victime. Molière a généralisé et humanisé sujet et personnages. Il a montré dans la jeune fille une nature souple qu'il appartient à l'homme d'éduquer, et il a enseigné à ses confrères du sexe laid que la meilleure méthode était une intelligente douceur. Et c'est pourquoi, tandis que d'autres n'avaient écrit que d'ingénieuses comédies, il est le seul à avoir conçu une véritable école, l'école des maris (1).

Au temps, qui n'est pas très lointain, où l'on aimait à parquer en genres les diverses pièces dramatiques, les *Fâcheux* étaient chargés de représenter la comédie «à tiroir». Il y faut voir, en réa-

---

(1) Molière a-t-il imaginé ou emprunté ce titre d'«école» qu'il a mis à la mode ? Je n'en sais rien, mais il est peut-être bon de signaler à ce propos la comedia de Salas Barbadillo: *La Escuela de Celestina*. Je n'ai pas besoin d'ajouter que les leçons données à cette «École de Célestine» ne sauraient être recommandées d'aucune manière.

lité, la première des pièces écrites spécialement pour les divertissements du roi. Ce n'est pas encore la comédie-ballet, mais c'en est le premier essai. D'où vient ce mélange, qui ne contribuera pas médiocrement à assurer la faveur royale à la troupe française du Palais-Royal? En le déclarant (dans son Avant-propos) «nouveau pour nos théâtres», Molière n'entend pas dire qu'il n'existait pas sur les théâtres étrangers. Il n'est pas non plus hors de propos de rappeler en quoi il consiste. Ce sont les circonstances de la fête offerte par Foucquet qui ont amené Molière à l'imaginer. Il ne s'agissait pas, à proprement parler, de mêler la danse aux vers. C'est ce que faisait depuis longtemps le ballet, sans avoir besoin du concours d'un autre genre dramatique. Il n'était pas non plus question d'unir à l'émotion d'une tragédie le charme de la musique et le plaisir des «machines». De ces pièces à grand spectacle, *Andromède* avait donné en 1650 un illustre exemple, et le succès récent de la *Toison d'or* n'était pas encore épuisé. Demandait-on seulement d'introduire une comédie dans un ballet? Mais déjà l'*Amant ridicule* de Boisrobert n'avait-il pas fait partie du *Ballet des Plaisirs* (1655)? Molière précise lui-même l'originalité de son entreprise. Comme on ne disposait que d'«un petit nombre choisi de danseurs excellents», il chercha le premier nœud qu'il pût trouver pour faire des diverses entrées du ballet les intermèdes de ses entr'actes et pour les «coudre au sujet». Ainsi les «baladins» avaient le temps de changer de costume, et, d'autre part, le «fil de la pièce» n'était pas rompu. Voilà exactement quelle est la nouveauté du mélange qui fut trouvé agréable dans les *Fâcheux*. Je crois bien que Molière ne doit qu'à lui-même et aux circonstances l'idée de rattacher les diverses entrées du ballet à l'intrigue de la comédie. Mais où a-t-il pris le nœud de sa pièce et la distribution générale de ses diverses parties ?

L'auteur du *Livre sans nom* (1) déclare que «Scaramouche interrompu dans ses amours a produit les *Fâcheux*». M. Despois fait justement remarquer que si cette comédie est la même que le canevas italien représenté en 1716 (2), elle diffère sensiblement de la pièce de Molière, puisque la victime des importuns y est non pas le personnage sympathique, mais le personnage sacrifié. Rien ne nous prouve d'ailleurs l'antériorité de ce canevas.

(1) Paris, 1695. Cité par M. Despois.
(2) *Le Case svaligiate ou gl' Interrompimenti di Pantaleone.*

M. E. Fournier prétend que «tout le plan des *Fâcheux* est pris d'un intermède des comédiens d'Espagne» (1); mais il ne nous indique ni où il a pris ce renseignement ni quel est cet intermède. Cette assertion, que je n'ai pu vérifier, ne me paraît pas cependant sans vraisemblance. La farce espagnole n'aime pas moins que la *commedia dell' arte* à faire intervenir ses divers personnages en les rattachant par un lien factice au type qui lui sert de sujet et qui fait seul l'unité de son action. Elle a de plus cette autre ressemblance avec les *Fâcheux* que la danse en est presque toujours l'indispensable conclusion. Molière, nous en aurons la preuve au cours de cette étude, lui a emprunté plus d'un trait plaisant, plus d'une fine observation. Il est loin d'ailleurs d'avoir été le seul. Lorsque de Villiers (ou de Visé) écrira en 1667 la *Veuve à la Mode*, il se souviendra d'un *entremes* attribué à Calderon : *El pésame de la viuda* (2).

Comment l'avait-il connu? Probablement grâce aux comédiens espagnols qui accompagnèrent en France la jeune reine Marie-Thérèse (3). Leur arri-

(1) *Revue des Provinces*, tome IV, septembre 1864.

(2) Cf. Léo ROUANET. — *Intermèdes espagnols*, Paris, 1897.

(3) Dans l'exemplaire de l'intermède *El pésame de la viuda* consulté par M. Rouanet (Madrid, 1670), les rôles de doña Brianda et de doña Aldonza sont distribués à Jerónima de Olmedo et à Maria de Anaya.

vée est soigneusement notée sur le registre de La Grange. On y lit à la date du 11 juillet 1660 : «Il vint en ce tems une Troupe de Comédiens Espagnolz qui joua 3 fois à Bourbon : une fois à demye pist., la seconde fois à un escu, et la 3ᵐᵉ fois fist un four».Il est regrettable que La Grange, au lieu de nous donner le prix des places, ne nous ait point indiqué la composition du spectacle. Mais il semble probable que Molière n'a pas dû négliger d'assister à une représentation de cette nouvelle troupe et que comme aux Italiens il a sans doute pris son bien aux Espagnols. Je ne sais pas, bien entendu, ce qu'il a vu jouer, mais il est à peu près certain que la compagnie «entretenue par la reine» représentait à Paris ainsi qu'à Madrid une comedia dont les entr'actes étaient remplis par des intermèdes mêlés de danses et de chants. N'est-ce pas un tel spectacle plutôt que la comédie italienne des *Noces de Pélée et de Thétis* (1) qui a suggéré à Molière le

Ces deux actrices figurèrent en 1666 à Saint-Germain-en-Laye dans le fameux *Ballet des Muses*. Elles faisaient donc partie de la troupe espagnole de Prado qui résida à Paris de 1660 jusqu'aux environs de 1673. Il est assez naturel de supposer que *El pésame de la viuda* ne fût pas le seul *entremes* que fit connaitre cette troupe.

(1) Dans les entr'actes de cette comédie, représentée le 14 avril 1654 au Petit-Bourbon, on avait intercalé dix entrées de ballet. Je rappelle qu'en 1654 la troupe de Molière est signalée à Montpellier.

il plan des *Fâcheux* et la distribution des entrées de
ß ballet?

Faut-il aller plus loin et chercher dans la pièce
même des emprunts plus directs à l'Espagne? Il
est probable qu'Ormin (1) est un proche parent
de l'*arbitrista* (donneur d'avis, homme à projets)
du *Coloquio de los perros*. Les nouvelles de Cervantes avaient déjà fourni plus d'un sujet à notre
théâtre, et il n'y avait pas bien longtemps que Quinault en avait tiré son *Docteur de verre* (2). L'interpellation d'Eraste, qui prend Ormin pour un
« souffleur », s'explique plus naturellement si l'on
se souvient que, dans sa nouvelle, Cervantes,
avant d'introduire son *arbitrista*, nous a présenté
un alchimiste. — Il est beaucoup moins probable,
mais il n'est pas impossible que la discussion
entre Oronte et Clymène ne soit pas seulement
une plaisante imitation des débats de nos précieuses. Elle roule sur une matière déjà traitée dans
Dom Garcie et qui revenait souvent dans ces *Academias* contre lesquelles les *entremeses* n'ont pas
lancé moins de satires que les comedias. Est-ce

(1) III, 3.
(2) *Le Docteur de verre* inspiré par *El licenciado vidriera* forme
le troisième acte de *la Comédie sans comédie* qui fut jouée en 1654
au théâtre du Marais.

encore une pure hypothèse? Toujours est-il que
je soupçonne fort La Montagne d'avoir eu quelque cousin «gracioso». La liberté avec laquelle il
reçoit les confidences de son maître, le jeu plaisant par lequel il le retarde sous prétexte d'arran-
ger son costume (I, 1), la malice qu'il met à exciter son impatience (II, 3), toutes ces scènes ne
sont point une image de la société française du
XVIIe siècle; elles rappellent plutôt la familiarité
des rapports que le théâtre espagnol nous peint
entre ses galants et leurs valets. Je ne pense pas
non plus qu'il soit dans les coutumes du temps de
Molière qu'un tuteur, pour se débarrasser d'un
prétendant de sa nièce, aposte des gens pour
le faire assassiner. Le dénouement des *Fâcheux*,
où Eraste sauve Damis qui voulait le faire périr,
relève plutôt de la comedia qui avait mis à la
mode en France ces héroïques générosités (1).

Voilà à peu près tout ce qui rappelle l'Espagne
dans la première pièce écrite par Molière pour
les divertissements du roi. S'il existe et si on le
découvrait, l'intermède dont nous parle M. Fournier ne nous apporterait probablement pas beau-

____

(1) Cf. *Obligados y ofendidos* de Rojas, et les trois adaptations
qu'en ont tirées en 1654 Thomas Corneille, Scarron et Boisrobert

coup d'indications nouvelles. Il semble évident que ni l'homme aux grands canons rencontré par Eraste sur le théâtre, ni Lysandre et sa «courante», ni Alcandre et Filinte (l'un demandant et l'autre proposant un second pour un duel), ni même Alcippe et sa partie de piquet, aucun de ces importuns ne doit être cherché en dehors du Paris de 1662. Je ne parle pas, bien entendu, de Dorante, puisque le roi lui-même l'avait commandé sur le modèle de son grand veneur. La merveille est que les divers éléments que l'analyse s'efforce à dégager des *Fâcheux* y sont fondus sans la moindre disparate. Dans la rapidité de l'improvisation comme dans les loisirs de la composition, dans la contrainte des pièces de circonstance comme dans la liberté de l'invention, Molière transforme tout ce qu'il touche. Je viens de dire pourquoi les *Fâcheux* peuvent venir d'un *entremes*. Ils n'en sont pas moins un *intermède* si français qu'on n'a pas cru sans raison y voir ressusciter le monologue comique de notre ancien théâtre.

L'*Ecole des Femmes* a été le plus grand succès dramatique de Molière. C'est le premier des plus beaux efforts de son art. C'est aussi la date la plus importante dans l'histoire de son théâtre.

Grâce aux polémiques soulevées par sa pièce et aux réponses qu'il leur fit, Molière se rendit mieux compte et de ce qu'il avait fait et de ce qu'il voulait faire. Sa conception de la comédie s'élargit et se précisa en s'opposant à celle que ses rivaux s'efforçaient de défendre.

D'où lui vint l'idée de cette œuvre essentielle? On peut d'abord faire remarquer qu'elle était depuis quelque temps en germe dans son esprit. Quoi qu'en dise son titre, l'*Ecole des Femmes* est encore une école des maris. Il y est toujours question de la conduite qu'il faut tenir à l'égard de celle qu'on veut épouser, si l'on a la prétention de la garder pour soi tout seul. Arnolphe est l'héritier direct des deux Sganarelles que Molière nous a déjà présentés. Poussé par la même crainte que le premier, il emploie la même méthode que le second. Il est vrai qu'il l'applique plus tôt. Qui lui a appris cette vaine précipitation?

Il n'est pas douteux que le sujet de l'*Ecole des Femmes* vienne d'une nouvelle de Maria de Zayas y Sotomayor qui s'appelle *El prevenido engañado*. Le héros de cette nouvelle, don Fadrique, surprend une demoiselle dont il est épris au moment où elle se débarrasse en secret d'une fille qu'elle vient de mettre au monde. Il emporte l'enfant, la fait baptiser du nom de Gracia et, après l'avoir confiée à une parente, il part pour de lointains voyages. Diverses aventures amoureuses le confirment dans la défiance qu'il nourrit à l'égard des femmes spirituelles. Quand il revient dans sa cité natale, la petite Gracia, qui depuis l'âge de quatre ans n'a pas quitté son couvent, est devenue une jeune fille aussi belle que sotte et ignorante. Don Fadrique croit avoir trouvé la femme qu'il lui faut. Il l'épouse donc et, pour s'assurer de son innocence, il lui impose comme nuit de noces de veiller en armes sur son sommeil. Une absence qui lui est brusquement imposée permet à un jeune cavalier de Cordoue de pénétrer auprès de doña Gracia et de lui donner de tout autres leçons sur l'état de mariage Quand don Fadrique revient, il apprend de la bouche même de celle qui fut coupable sans le savoir que ses précautions ont été aussi inutiles que maladroites.

Ce sujet, où l'on reconnaît sans peine la donnée même de l'*Ecole des Femmes*, avait été porté sur la scène avant Molière. Dorimond s'en était servi pour son *Ecole des Cocus* (1), mais, dans son

(1) J'ai lu cette comédie dans l'édition de Jean Ribou. Le privilège est daté du 12 avril 1661 et l'achevé d'imprimer du 6 août 1661. Je rappelle que *le Cocu imaginaire* fut joué le 30 mai 1660.

impuissance à le mettre à profit, il s'était contenté de l'adapter aux types communs à la farce et à la comédie. Son capitan, dégoûté des femmes intelligentes par la même aventure que don Fadrique, épouse, malgré les conseils du Docteur, la niaise Cloris. Il l'arme, lui aussi, d'une cuirasse et d'un armet, et, bien entendu, il est également averti par elle du malheur qu'il avait voulu éviter. Dorimond avait-il lu Maria de Zayas? Le soustitre qu'il a donné à sa comédie : *La Précaution inutile*, nous laisse supposer qu'il a seulement connu la nouvelle de Scarron qui avait le premier traduit de la sorte : *El Prevenido engañado* (Le «Précautionneux» dupé) (1).

L'*Ecole des Cocus*, qui n'avait sans doute été ainsi appelée que pour profiter du succès de son *Sganarelle*, suggéra peut-être à Molière l'idée de lire ou de relire la *Précaution inutile*. Remonta-t-il jusqu'à l'original espagnol, comme il le fera pour son *Tartuffe?* C'est ce qu'il est fort malaisé de dire. La question n'a d'ailleurs qu'une importance secondaire, la nouvelle française n'étant

----

(1) *La Précaution inutile* parut pour la première fois en juin 1655. Malgré le privilège pris par Scarron le 23 avril 1655, d'Ouville mit en français au même moment les Nouvelles exemplaires de Maria de Zayas y Solomayor. Cf. l'étude de M. Morillot sur Scarron et le genre burlesque. Paris, 1888.

guère qu'une traduction. Scarron s'est contenté de supprimer quelques poésies galantes et quelques longueurs, et il n'a ajouté que quelques plaisanteries d'assez mauvais goût et quelques sous-entendus libidineux. Tous les éléments qui dans l'*Ecole des Maris* paraissent empruntés à la *Précaution inutile* se rencontrent d'abord dans *El Prevenido engañado*.

Pour ne plus revenir sur le sujet lui-même de la pièce, voici les principales indications dont il me semble que Molière est redevable à Maria de Zayas. Le dégoût d'Arnolphe pour le mariage et sa résolution arrêtée de n'épouser qu'une sotte, les objections que lui fait Chrysalde, toute l'exposition, en somme, de l'*Ecole des Maris* se trouvait, pour qui savait l'y chercher, dans *El Prevenido engañado*. Lorsque don Fadrique s'éloigne de la ville où il a laissé la petite Gracia, il fait retomber sur toutes les femmes le mépris qu'une seule lui a inspiré. «Il disait qu'il ne fallait point se fier à elles, et surtout aux spirituelles, parce que leur savoir et leur intelligence les faisaient tomber dans la perversité et le vice et qu'avec leurs astuces elles trompaient les hommes. Une femme ne doit pas avoir d'autre science que de faire son travail, de prier, de gouverner sa maison et d'élever ses enfants. Tout le reste n'est que vanité et subtilité, et ne sert qu'à les perdre plus vite». N'est-ce pas le langage d'Arnolphe en attendant que ce soit celui du Chrysale des *Femmes savantes?* (1). Ce sont les mêmes sentiments qu'exprime de nouveau don Fadrique à une duchesse qui lui offre à quatre lieues de Barcelone une plantureuse hospitalité. «Je vous assure, Madame, qu'après toutes mes aventures je suis si bien instruit de ce que valent les femmes spirituelles que bien plus volontiers je me laisserais conquérir par une femme sotte et même laide que par une autre qui serait ce que vous dites (noble, belle, vertueuse et spirituelle). Une femme ne doit pas en savoir plus qu'aimer son mari, lui garder son honneur et lui élever ses enfants » (2). A quoi la duchesse

(1) Cf. le discours d'Arnolphe qui se termine par ces mots:
«Et c'est assez pour elle, à vous en bien parler,
De savoir prier Dieu, m'aimer, coudre et filer» (I, 1).
Dans la traduction de Scarron, dom Pèdre (qui est le don Fadrique de Maria de Zayas) ne demande point à la femme de savoir prier Dieu. Mais ce détail ne suffit pas, bien entendu, à prouver que Molière a connu l'original espagnol.

(2) Cf. *l'École des femmes*, I, 1 vers 103 à 105.

CHRYSALDE
Une femme stupide est donc votre marotte ? —

ARNOLPHE
Tant que j'aimerais mieux une laide bien sotte
Qu'une femme fort belle avec beaucoup d'esprit.

ne répond pas sans raison : «Et comment saura-
t-elle garder l'honneur, celle qui ne sait point en
quoi il consiste? Ne voyez-vous pas que le sot
pèche et ne sait point en quoi? Si elle a de
l'esprit, la femme ne saura-t-elle pas se mettre en
garde contre les tentations»? Les sages objections
de Chrysalde à son ami Arnolphe ne sont point
d'une autre sorte (1).

Il y a dans *El Prevenido engañado* d'autres
détails qui ont pu servir à Molière non plus pour
l'exposition, mais pour le développement de son

(1) Cf. I, 1, vers 107 à 115.

CHRYSALDE

Mais comment voulez-vous, après tout, qu'une bête
Puisse jamais savoir ce que c'est qu'être honnête?
Outre qu'il est assez ennuyeux, que je croi,
D'avoir toute sa vie une bête avec soi,
Pensez-vous le bien prendre, et que sur votre idée
La sûreté d'un front puisse être bien fondée?
Une femme d'esprit peut trahir son devoir;
Mais il faut pour le moins qu'elle ose le vouloir;
Et la stupide au sien peut manquer d'ordinaire,
Sans en avoir l'envie et sans penser le faire.

Au lieu de faire remarquer l'ennui d'avoir toujours «une bête
avec soi», la duchesse espagnole avait parlé à don Fadrique du plaisir
que ne cesse de procurer une femme d'esprit. Scarron a négligé
ce trait. Il a aussi écourté le discours qu'en excellente «féministe»
Maria de Zayas avait prêté à un cousin de don Fadrique sur cette
nourriture de l'âme qu'une sotte est incapable de donner. (Ce cousin
s'appelle dans l'original espagnol don Juan. C'est le dom Rodrigue
de Scarron).

sujet. C'est sans doute à l'imitation de don Fadrique qu'Arnolphe a donné à son Agnès des valets «aussi simples qu'elle» (1). C'est aussi à son exemple qu'il lui tient un grave discours sur l'état de mariage (III, 2). Lorsque don Fadrique entre le soir de ses noces dans la chambre de doña Gracia, il la prie de vouloir bien l'écouter et s'adresse à elle en ces termes : «Madame, vous êtes maintenant ma femme. Il convient que vous fassiez ce que je vais maintenant vous dire, et c'est un usage que vous suivrez toujours, d'une part, pour ne point offenser Dieu, et, de l'autre, pour ne point me donner de déplaisir». A cela Gracia répond avec grande humilité qu'elle le fera de bonne volonté. «Connaissez-vous, reprend don Fadrique, la vie des gens mariés ? — Non, monsieur, je ne la connais point (dit Gracia), mais enseignez-la moi et je l'apprendrai comme l'*Ave Maria*». Don Fadrique est aussi content de cette «simplicité» qu'Arnolphe de «l'honnête et pudique ignorance» de celle qu'il veut épouser. C'est enfin par le

---

(1) Lorsque don Fadrique se détermine à épouser doña Gracia, il se garde bien de la loger chez sa tante pendant le temps des fiançailles. Il a trop peur que son esprit se cultive. Il l'installe donc dans sa propre maison et lui donne les servantes les plus ignorantes qu'il ait pu trouver. («Recibió las criadas á proposito, buscando las mas ignorantes»).

même moyen que doña Gracia et Agnès se voient d'abord attaquer dans leur innocence. Le rôle de la vieille dont Horace emploie les «charitables trames» avait été d'abord tenu par une voisine que le jeune cavalier cordouan, las de se promener sous le balcon de sa belle, avait déléguée auprès d'elle.

Peut-on encore trouver dans l'*Ecole des Femmes* d'autres éléments qui proviennent, sinon de *El Prevenido engañado*, du moins de l'imitation espagnole (1)? Robinet, dans son *Panégyrique de l'Ecole des Femmes* (2), prétend que les préceptes enseignés par Arnolphe à Agnès «ne sont qu'une imitation de ceux que ce chevalier errant donne à son écuyer, lorsqu'il va prendre le gouvernement d'une île». Il fait sans doute allusion aux chapitres 42 et 43 de la seconde partie du *Don Quichotte*. Il est possible que Molière y ait puisé l'idée d'écrire un «office de la femme» (III, 2), mais

___

(1) La connaissance de l'espagnol peut quelquefois n'être pas inutile pour l'interprétation de notre français classique. Dans ses remontrances à Arnolphe (I, 1, vers 67), Chrysalde parle des «maris accusés de souffrance». M. Despois entend par là «les maris malheureux, ceux à qui l'on impute le malheur d'être trompés». Je crois bien que ce sens est un contre-sens. Le mari «accusé de souffrance», c'est tout simplement le «*sufrido*» espagnol, le mari complaisant.

(2) Paris, Pepingué, 1663. — Cité par M. Despois.

il n'y a rien de commun entre ses «maximes du
mariage» et les sages conseils du chevalier de
la Manche (1). Je ne pense pas qu'il soit nécessaire
d'aller chercher en Espagne l'origine du petit discours d'Horace sur l'argent et son rôle «en amour
comme en guerre» (I, 4). Ce sont là des réflexions
que le Cliton de Corneille avait jugé inutile d'emprunter au Tristan de *la Verdad Sospechosa*, et, si
elles sont plus fréquentes dans la comedia que dans
aucun autre théâtre, elles ne sont cependant
étrangères à aucun temps ni à aucun pays. Il y a
peut-être une couleur plus espagnole dans la plaisante scène (II, 3) où Alain et Georgette raillent
la jalousie de leur maître, mais, si elle rappelle les
parodies chères aux *graciosos*, je ne crois pas
cependant qu'elle ait rien d'emprunté.

(1) Mr S. Griswold Morley (Modern langage Association of America,
vol. XIX, Nº 2) fait un rapprochement curieux entre la raillerie
de Chrysalde (IV, 8) contre les «dragons de vertu», les «honnêtes
diablesses» (raillerie sur laquelle Molière reviendra dans la première
scène de son *Impromptu de Versailles*) et les plaintes du soldat
contre sa femme dans l'entremes de Cervantes: *El juez de los
divorcios*. «Sous ce point d'honneur, dit le soldat espagnol, elle cache
la plus mauvaise nature de la terre; elle est jalouse sans motif; elle
crie sans savoir pourquoi... et le pis est, seigneur juge, qu'elle veut
qu'en échange de la fidélité qu'elle me garde je supporte sans rien dire
ses milliers et milliers d'impertinences». Scarron a repris la même
satire dans son *Épître au maréchal d'Albret*. Mais c'est là une matière
qui dérive plutôt de notre ancienne farce que de l'intermède espagnol.
Cf., dans le recueil dit de Copenhague, la farce des deux femmes
dont l'une est dure de la tête et l'autre est tendre d'ailleurs.

Je ne serais pas, au contraire, surpris que le
dernier acte de l'*Ecole des Femmes* ait été suggéré
à Molière par la comedia. La scène où Horace
confie Agnès au jaloux dont elle a quitté la maison n'est pas sans faire songer à la dernière péripétie de *El Mayor imposible* de Lope ou, si l'on
veut, de la traduction qu'en avait fait jouer Boisrobert (1). On y voyait aussi un galant faire escor-
ter la dame qu'il venait d'enlever par celui qui
prétendait la garder de toute surprise. Il n'y a pas
lieu, je crois, d'insister sur le dénouement de
l'*Ecole des Femmes* et sur l'histoire de cet Enrique
dont le nom est d'une orthographe singulièrement
castillane. Le retour si opportun de ce personnage
est un de ces incidents romanesque dont la comedia n'a pas la spécialité mais dont elle a usé et abusé.
Si j'ajoute que les deux noms sous lesquels est connu
Arnolphe permettent des situations analogues à
celles du *Galant doublé* de Thomas Corneille, ou
plutôt de Calderon (2), on conviendra sans doute
que les principaux éléments de l'intrigue dans
l'*Ecole des Femmes* ont une origine espagnole. Il
n'en est guère qu'un qui vienne peut-être d'ailleurs.

(1) Cf. *La Folle gageure*. On a vu que Molière avait probablement
puisé dans cette comédie l'idée de son *Ecole des Maris*.
(2) *Hombre pobre todo es trazas*.

C'est la perpétuelle confidence que fait Horace à Arnolphe. Molière la doit-il aux *Nuits facétieuses du seigneur Straparole* ou à la vieille histoire du roi Candaule ? Je crois plus simplement que l'auteur de l'*Etourdi* ne la doit qu'à lui-même et au souvenir de sa première comédie (1).

A qui doit-il enfin la transformation essentielle qu'il a fait subir non plus à l'intrigue, mais à l'héroïne même de son *Ecole ?* La Laure de la *Précaution inutile* comme la Gracia de *El Prevenido engañado* n'était qu'une sotte et restait jusqu'à la fin une sotte. Agnès est une innocente à qui l'amour donne de l'esprit. Ses réponses qui commencent par enchanter Arnolphe et finissent par le déconcerter montrent d'abord sa pureté et découvrent ensuite sa naturelle finesse.

Où Molière a-t-il trouvé l'idée d'un tel personnage ? Je crois bien qu'il y a songé en lisant *La Dama boba*. Cette comedia de Lope, dont le titre

---

(1) Horace semble, en effet, parfois une heureuse reprise de Lélie. Voyez comment Arnolphe l'appelle:

«Étourdi montra-t-il jamais tant de fureur ?» (I, 4).

C'est ce même nom qu'Arnolphe donne encore à Horace dans la scène 7 de l'acte IV:

«J'empêcherai du moins qu'on s'empare du reste,...

... Et que cet étourdi, qui veut m'être fatal,

Fasse son confident de son propre rival».

pourrait se traduire : « Comment l'esprit vient aux sottes », met en scène une Finea dont l'intelligence est si faible que son oncle a cru devoir, pour la rendre mariable, lui laisser toute sa fortune au lieu de la partager entre elle et sa sœur. L'intrigue et le comique de la pièce découlent presque entièrement du rôle de cette « belle bête ». Finea se fait d'abord connaître par des reparties qui ne sont pas moins « inquiétantes » ou « rassurantes » que les puces d'Agnès (1). Elle ne demande pas si « l'on fait les enfants par l'oreille », mais si elle n'était pas là quand son père se maria (I, 13). Elle se laisse embrasser par Laurencio avec le plaisir le plus ingénu. Le récit que fait Agnès de sa première entrevue avec Horace rappelle parfois ce que Lope avait mis en scène. Les leçons de Laurencio ne tardent pas à transformer Finea, et peut-être trop brusquement. Pour éviter d'être à un autre, elle dissimule l'esprit qui lui est venu et ne le recouvre définitivement que pour épouser celui qu'elle aime, parce qu'il a éveillé à la fois son intelligence

_____

(1) A Liseo qui arrive et déclare que le désir lui a fait trouver la route plus longue, elle réplique qu'il aurait dû demander « le mulet de la noria qui marche comme une personne » (I, 16).

et son cœur (1). La moralité de *La Dama boba* tient
toute dans les vers du «Laurencio» français :

> Il le faut avouer, l'amour est un grand maître :
> Ce qu'on ne fut jamais il nous enseigne à l'être ;
> Et souvent de nos mœurs l'absolu changement
> Devient, par ses leçons, l'ouvrage d'un moment.....
> Il rend agile à tout l'âme la plus pesante,
> Et donne de l'esprit à la plus innocente.
> Oui, ce dernier miracle éclate dans Agnès» (III, 4).

Il était juste de reconnaître que ce miracle avait
d'abord éclaté dans Finea (2). Il n'est pas moins
juste de proclamer qu'un autre miracle a éclaté
dans l'*École des Femmes*. Avec tous les éléments que l'Espagne lui a suggérés, Molière a
composé une comédie dont il serait absurde de
discuter la souveraine originalité. Il ne doit à
personne la délicatesse de sa psychologie ni la
saveur de son comique. Il n'est pas une scène
dans sa pièce qui ne montre exclusivement une
couleur nationale et contemporaine. Horace est

----

(1) Pour exprimer l'influence de Laurencio sur elle, Finea déclare
qu'elle n'a jamais rien su que ce qu'il lui a appris (II, 14). Agnès
dira aussi: «C'est de lui que je sais ce que je puis savoir» (V, 4).

(2) On croira plus volontiers que Molière a lu *La Dama boba* si
l'on accepte (et il me parait difficile de s'y refuser) qu'il lui a
emprunté les deux ou trois traits que je signalerai dans les *Femmes
savantes*.

bien de ces Français dont Arnolphe raille l'ordinaire défaut (III, 3), et Arnolphe lui-même n'est pas d'une autre souche que Sganarelle ; il est né sur la pure terre de Gaule. Agnès n'est pas tant la sœur de Finea que de l'Isabelle de l'*Ecole des Maris*. On sent qu'une fois femme, cette paysanne va devenir une Parisienne. Est-il nécessaire de remarquer qu'en plaçant la scène avant le mariage, comme il l'avait déjà fait pour *El Marido hace mujer*, Molière a donné plus de décence au sujet de *El Prevenido engañado ?* Je pense enfin qu'on me dispensera de signaler après tant d'autres cette large humanité qui a assuré à l'*Ecole des Femmes* un succès international et ininterrompu.

S'il fallait encore une preuve de l'originalité de l'*Ecole des Femmes*, on la pourrait trouver, et il n'en est pas de plus décisive, dans la bataille même qui s'est livrée autour d'elle. Je n'ai pas à refaire une fois de plus l'histoire de cette polémique. Il me suffira de rappeler que si elle a été si longue et si vive, c'est qu'elle ne mettait pas seulement des jalousies en lutte ; elle avait l'importance qu'il convient d'attribuer à la querelle du *Cid* ou à la querelle d'*Andromaque*. Elle opposait l'une à l'autre deux formes d'art, deux systèmes dramatiques. Or, s'il est vrai, comme on l'a tant répété, que Molière et ses défenseurs combattaient pour faire triompher l'imitation de la nature contre les déformations que les héroïques et les grotesques faisaient subir à la réalité, on n'a peut-être pas assez remarqué le caractère spécial de leur protestation. L'*Ecole des Femmes* permet à l'esprit français de prendre une plus claire conscience de lui-même et de réagir plus vigoureusement contre la diffusion de l'influence espagnole.

Voyez, en effet, quels sont les ennemis en présence. Dès 1661, lorsqu'après le succès des *Fâcheux* La Fontaine (1) annonçait qu'on avait changé de méthode, de qui donc abandonnait-on la trace pour ne plus quitter la nature d'un pas» ? N'était-ce pas de Jodelet ? Et qu'est-ce que Jodelet, sinon la caricature exotique mise par l'Espagne ironique à la place des personnages chéris de l'Espagne héroïque ? Quelles sont les pièces qu'au plus fort de la querelle de l'*Ecole des Femmes* on oppose «à tout le misérable comique» de Zoïle-Molière ? (2). C'est le *Menteur*, c'est le *Dom Bertrand*, c'est

(1) Lettre à Maucroix du 22 août 1661.

(2. Cf. le *Panégyrique de l'Ecole des Femmes*. Paris, Pepingué, 1664. Le privilège est du 30 octobre 1663. De tous les écrits suscités par la querelle de *l'Ecole des Femmes*, c'est ce Panégyrique, d'allure un peu indécise mais plutôt hostile à Molière, qui me paraît exposer le plus justement le point de vue critique des deux écoles comiques en présence. C'est à lui que j'emprunterai tous les passages entre guillemets qui ne seront pas accompagnés de renvois.

le *Feint astrologue* et quelques autres ouvrages du «spirituel Isole» (Thomas Corneille), c'est-à-dire autant d'adaptations d'originaux espagnols. Comment les adversaires de Molière entendent-ils, en effet, ce qu'ils appellent «la belle comédie»? Ils la conçoivent comme une imitation des intrigues ingénieuses de la comedia qui permette les «beaux sentiments» et les «brillants d'esprit». Ils se contentent seulement de corriger la liberté licencieuse des pièces qu'ils traduisent par l'application maladroite des prétendus préceptes d'Aristote. La sévérité de ces «réguliers» ne laisse pas d'ailleurs de s'appuyer sur l'autorité de Cervantes dans le «colloque du sage don Quixot de la Manche avec un chanoine».

Bien qu'il lance contre eux l'apostrophe que l'on sait, Molière n'en fait pas moins soutenir par Dorante à propos de son *Ecole* que «peut-être n'avons-nous point de pièce au théâtre plus régulière que celle-là». C'est même pour n'avoir voulu pécher «contre aucune des règles» qu'il s'est exposé aux seules critiques légitimes qui lui aient été adressées. De Villiers remarque fort justement dans sa *Zélinde* que la rue n'est pas faite pour les scènes qui s'y passent dans l'*Ecole des Femmes*, et qu'Horace a vraiment un bonheur singulier dans les visites qu'il entasse en un jour. Si Molière semble accepter les règles dont ses adversaires font de véritables dogmes et où il ne voit que d'utiles observations faites par le bon sens, c'est à peu près le seul endroit par où sa conception de la comédie se rapproche de la leur. A leurs «beaux sentiments» il préfère un langage exactement approprié au personnage et à la passion qui le fait parler. Le comique n'est pas à ses yeux dans les «brillants d'esprit» ; les mots ne doivent être plaisants que «par réflexion» à celui qui les prononce. La grande affaire de la comédie, c'est d' «entrer dans le ridicule des hommes» par la vérité générale de ses peintures. Celui qui, dans le *Panégyrique*, est chargé de défendre Molière range avec raison ses ennemis dans la catégorie des détracteurs de la Nature qui soutiennent «qu'elle nous devait mettre le gras des jambes au devant, et non pas derrière».

Les critiques adressées à l'*Ecole des Femmes* manifestent, en effet, cette opposition essentielle entre la conception française et humaine que Molière se fait de la comédie et l'imitation tour à tour tragi-comique ou burlesque que ses adversaires font du théâtre espagnol. Laissons de côté ce reproche de railler les mystères sacrés qui n'a sans doute pas contribué médiocrement à donner à Molière l'idée d'écrire son *Tartuffe*. Pas plus que de cette perfidie il ne faut tenir compte de la prétendue «obscénité» de l'*Ecole des Femmes*. Pour peu qu'on connaisse le théâtre contemporain de Molière, on sera plutôt frappé de la décence de son langage. Il n'y a pas lieu enfin de s'attarder davantage sur le grief qu'on a toujours jeté à la face des génies les plus créateurs. «On ne peut pas dire, s'écrie Lidamon, que Zoïle soit une source vive, mais seulement un bassin qui reçoit ses eaux d'ailleurs». Lidamon et tous ceux qui pensaient comme lui ou comme de Villiers ne se faisaient pas seulement une idée inepte de l'invention; ils commettaient la plus odieuse des erreurs, puisqu'ils se gardaient bien de montrer les mêmes exigences pour les œuvres qu'ils préféraient à l'*Ecole des Femmes*.

Si l'on néglige les critiques de la sottise et de l'envie, quelle est la grande objection qu'on fait alors à Molière? C'est que sa pièce «n'a presque point du tout d'action». On est habitué à la complexité des intrigues espagnoles, et on s'étonne de la simplicité d'une pièce où, pour parler comme Monsieur Lysidas, «tout consiste en des récits que vient faire ou Agnès ou Horace». Par son mépris de l'intrigue, la comédie de Molière est en opposition absolue avec la comedia et surtout avec la manière dont l'imitaient ses médiocres adaptateurs. Mais par quoi remplace-t-elle ce qui semblait alors l'essence même du drame? «Les récits eux-mêmes, dit Dorante, y sont des actions», et Chrysolite redit après lui que «toutes les agitations d'esprit en Arnolphe» ne sont pas autre chose que «des actions et des mouvements». Peut-on laisser plus clairement entendre que l'*Ecole des Femmes* substitue à la recherche des effets extérieurs les ressources profondes de l'analyse psychologique?

Ces ressources se rencontraient dans la comedia. Derrière ses combinaisons romanesques il y avait une peinture trop rapide, mais singulièrement vive du cœur humain, et les couleurs en pouvaient être appliquées à la comédie autrement mais autant qu'à la tragédie. Sous sa forme étroitement espagnole, le sentiment de l'honneur ne se prêtait guère qu'à l'héroïque ou au burlesque. Mais ne pouvait-il garder sa force dramatique en devenant à la fois moins farouche et plus humain? Et n'était-il pas, après tout, une exaspération de l'amour-propre capable de soulever le rire aussi bien que de faire couler les larmes? A la condition de se confondre avec la jalousie, n'était-il point un excellent ressort de la comédie? Voilà précisément ce que Molière a su découvrir dans le théâtre espagnol. Ses contemporains ne s'y sont point trompés. Dans sa *Lettre sur les affaires du théâtre*, de Villiers reproche à Molière de n'imaginer que des héros jaloux. «Ce sont là, dit-il, les grands sentiments qu'il leur inspire, et la jalousie est tout ce qui les fait agir depuis le commencement jusques à la fin de ses pièces sérieuses, aussi bien que de ses comiques; et puisqu'il y met si peu de différence, je ne sais pas pourquoi il assure que les pièces comiques doivent l'emporter sur les sérieuses». Traduisez : Arnolphe éprouve-t-il après tout d'autres sentiments que dom Garcie de Navarre?

Pourquoi donc nous paraît-il plus proprement comique? Les ennemis de Molière ont affecté de tourner sa comédie en tragédie. Ils ne se sont point aperçu que cette raillerie était le plus beau des éloges. Dans le *Portrait du Peintre*, le comte appelle l'*Ecole des Femmes* une «pièce tragique». Il est vrai que c'est pour amener une inepte plaisanterie. Mais Lidamon est à la fois sérieux et raisonnable quand il déclare qu'Arnolphe montre «presque toujours un amour qui passe jusqu'à la fureur, et le porte à demander à Agnès si elle veut qu'il se tue, ce qui n'est propre que dans la tragédie, à laquelle on réserve les plaintes, les pleurs et les gémissements. Ainsi, au lieu que la comédie doit finir par quelque chose de gai, celle-ci finit par le désespoir d'un amant qui se retire avec un *ouf!* par lequel il tâche d'exhaler la douleur qui l'étouffe, de manière qu'on ne sait si l'on doit rire ou pleurer dans une pièce où il semble qu'on veuille aussitôt exciter la pitié que le plaisir». Qu'est-ce à dire, sinon qu'on reproche à Molière d'avoir, en prenant pour ressort de sa pièce la jalousie, introduit dans la comédie la matière même de la tragédie?

Il est certain qu'Arnolphe a des cris qui ne seraient point déplacés dans la bouche d'un personnage tragique (1). Sa passion est traduite avec une vérité qui nous éclaire singulièrement sur sa violence (2). Il reste pourtant un personnage comique par le contraste même des sentiments qu'il éprouve avec la situation que sa sottise lui a infligée, par le ridicule d'un amour en contra-

---

(1) Cf. II, 5: «Je souffre en damné».— Ce n'est pas sans raison que Lekain, si l'on en croit Auger (notice sur *l'École des Femmes,* p. 170), «vit assez de tragédie dans ce rôle (Arnolphe) pour avoir envie de se l'approprier».

Cf. aussi V, 4: «Jusqu'où la passion peut-elle faire aller!».

(2) Cf. le monologue d'Arnolphe, III, 5:

«Je souffre doublement dans le vol de son cœur,
Et l'amour y pâtit aussi bien que l'honneur..., etc.».

diction avec l'âge et le caractère de celle qu'il aime. Dom Garcie demeurait presque toujours dans le ton de la tragi-comédie. Il y a encore chez Arnolphe un contraste un peu brusque entre la gravité et la familiarité que montre tour à tour son langage (1). Mais si l'on croit surprendre quelques dissonances, il n'y a jamais une fausse note, et l'on voit bien que Molière connaît déjà et poussera bientôt à sa perfection la langue de la grande comédie. Arnolphe nous mène tout droit de dom Garcie à Alceste (2). Sa passion est aussi vraie et aussi forte que celle des héros tragiques, et elle ne cesse pas de nous paraître plaisante. Voilà le triomphe de l'art de Molière. Sans la faire jamais sortir du ton qui lui est propre, il rend la comédie capable de nous présenter une image naturelle de ces agitations de l'âme dont la peinture paraissait réservée à la tragédie. Et c'est pourquoi on peut

---

(1) C'est là sans doute la toute petite part de vérité que renfermait l'indignation des ennemis de Molière contre l'apostrophe d'Arnolphe (V, 4) sur «ces animaux-là» (les femmes). Cette «chose qui caractérise l'homme» pouvait surprendre après les premiers vers:

«Ce mot et ce regard désarme ma colère,
Et produit un retour de tendresse et de cœur».

(2) Cf. IV, 1:

«J'étais aigri, fâché, désespéré contre elle:
Et cependant jamais je ne la vis si belle,... etc.».

N'est-ce pas déjà le ton du *Misanthrope*?

reprendre pour lui en faire honneur la satire que lance contre lui le marquis dans l'*Impromptu de l'hôtel de Condé* :

«Mais au Palais-Royal, quand Molière est des deux,
On rit dans le comique et dans le sérieux».

Il est bien évident qu'une telle conception de la comédie n'appartient qu'à l'auteur de l'*Ecole des Femmes* ; mais, parmi les influences qui ont contribué à la lui suggérer, ce n'est pas l'espagnole qui a été la plus médiocre. Si la farce lui donnait des exemples précieux de véritables effets comiques, elle était fort loin de lui enseigner que le rire peut s'appliquer à la même matière que les pleurs. La *commedia dell' arte* lui montrait bien sans doute des types où semblait se concentrer un ridicule. Mais le *masque* n'est pas le *caractère*, puisqu'il superpose une caricature à la physionomie vraie. Molière sentait mieux qu'un autre combien il avait intérêt à s'en débarrasser. Il prend bien soin de noter dans sa *Critique* qu'«il n'est pas incompatible qu'une personne soit ridicule en de certaines choses et honnête homme en d'autres». C'est la condamnation même du *masque* et la victoire de la vérité et de l'humanité. Ce n'est pas diminuer cette victoire que de reconnaître à la comedia le mérite d'avoir fourni à Molière les meilleures armes pour la remporter. C'est d'abord et surtout grâce à son génie, mais c'est aussi grâce à l'Espagne qu'il a triomphé de l'Espagne même et de la fâcheuse imitation qu'en apportaient au théâtre les héroïques et les burlesques (1).

Les deux pièces qui suivirent l'*Impromptu* ne réalisent pas encore l'idée que Molière se faisait de la grande comédie. C'est qu'elles ne furent composées ni avec le loisir ni avec la liberté nécessaires. Le *Mariage forcé* n'est point, à proprement parler, une comédie, mais un divertissement écrit «par ordre de Sa Majesté» pour accompagner des entrées de ballet. Molière y a mis en œuvre les éléments qui se prêtaient le mieux à la rapidité de sa composition. Il s'est souvenu de quelques passages de Rabelais (2). Il a peut-être

(1) Je n'ai rien à ajouter pour *la Critique* et pour *l'Impromptu* à ce que j'en ai dit en parlant de la poétique de Molière. L'invention et la disposition de ces œuvres de polémique appartiennent entièrement à leur auteur. Je ne signale que pour mémoire l'insinuation d'Ariste dans *la Vengeance des Marquis.* «Il (Molière) a encore imité le rondeau d'Isabeau, qui est dans Voiture : *Ma foi, c'est fait*». Ce rondeau (Cf. Œuvres de Voiture. Paris, Courbé, 1656, p. 562) est d'origine espagnole, mais il faut être de Villiers pour faire dériver de ce rondeau ou du sonnet de Lope qu'il imite tout le plan de *l'Impromptu.*

(2) Ces passages sont indiqués dans le commentaire qui accompagne l'édition Despois-Mesnard (tome IV. Paris, 1878).

songé pour sa Dorimène au *Polyandre* de Sorel
(1). Le nom seul de Pancrace et de Mamphurius
indique assez leur origine italienne (2). L'*Ecole
des Cocus* avait déjà porté sur la scène française
une consultation sur le mariage (3). D'où vient
enfin le thème principal qui explique ce titre: *Le
Mariage forcé?* Cailhava nous parle d'un canevas
de la *commedia dell' arte* intitulé : *Arlequin faux
brave* (4). La situation n'y est point la même que
dans le divertissement de Molière, où Sganarelle ne
fait pas du tout le fanfaron, et il y a plus d'une
bonne raison pour mettre en doute son antériorité.
Si l'idée du *Mariage forcé* ne s'est pas présentée
naturellement à l'esprit de son auteur, il serait
moins invraisemblable de la chercher dans un
intermède composé peut-être par Lope.

(1) M. Roy prétend dans son livre sur Ch. Sorel que Dorimène est
à la fois coquette comme Callire et dépensière comme Chrysante
(dans les Aventures de Gastrimargue).

(2) Pancrace est la forme française de *Pangrazio* qui désigne
souvent le pédant ou le docteur dans la commedia. Le *Mamphurio*
du *Candelaio* était déjà devenu Mamphurius dans l'imitation française
de cette pièce (*Boniface et le Pédant*. Paris, 1633) où Molière a
peut-être pris le nom de ce personnage.

(3) Dans la seconde scène, le Capitan consulte le Docteur sur le
mariage. Le Docteur commence par une dissertation sur le mot
accident, pérore ensuite sur la science, et, après un long verbiage
d'école, finit par déclarer au Capitan qu'il sera ce que Snagarelle
redoute de devenir.

(4) Études sur Molière, p. 111-113. (Cité par M. Despois).

Le sacristain Soguijo qui en est le héros et qui lui donne son titre (1) cherche à se débarrasser de Lucia. Cette écureuse de vaisselle a, comme Dorimène, un galant et c'est lui qui se charge, sous le travestissement d'un fantôme, de contraindre Soguijo au mariage. La noce du sacristain n'est, comme celle de Sganarelle, qu'un prétexte à la danse et à la musique. Je rappelle enfin que le ballet pour lequel fut écrit le *Mariage forcé* renferme un concert écrit sur un autre ton, mais dans la même langue que les « *bailes* » chers à l'Espagne. De qui sont les trois couplets dont il se compose? (2). Il est difficile d'accepter l'hypothèse de M. Despois (3) et de les attribuer aux étrangers qui

(1) *L'entremes famoso del sacristan Soguijo* a été publié dans la «troisième partie des comedias de Lope de Vega et autres auteurs» chez Miguel Serrano de Vargas. Madrid, 1613.

(2) Voici ces trois «coplas»:

> Ziego me tienes, Belisa,
> Mas bien tus rigores veo,
> Porque es tu desden tan claro,
> Que pueden verle los ziegos.
>
> Aunque mi amor es tan grande.
> Como mi dolor no es menos,
> Si calla el uno dormido.
> Sé que ya es el otro despierto.
>
> Favores tuyos, Belisa,
> Tuvieralos yo secretos;
> Mas ya de dolores mios
> No puedo hazer lo que quiero.

(3) T. IV, p. 85,

les chantèrent, puisque, à en juger par leurs noms, c'était sans doute des Italiens (1). Je suis plutôt tenté de croire que Molière les a écrits lui-même, comme il a probablement écrit les vers espagnols de la troisième entrée du *Ballet des Nations*. Je reconnais d'ailleurs volontiers que, malgré ce concert et même si l'idée première de la pièce vient d'un *entremes*, le *Mariage forcé* rappelle plutôt la *commedia dell' arte* que le théâtre espagnol. La coquetterie dépravée de Dorimène, la provocation de cet original capitan qui s'appelle Alcidas, le verbiage des pédants, tous ces éléments comiques sont maniés par un maître bien français, mais qui a débuté à l'école italienne. Si plaisant que soit le *Mariage forcé*, il ne fait pas regretter que Molière ait quitté cette école pour s'adresser à la comedia.

Il ne faut voir dans la *Princesse d'Elide* que ce qu'elle est, c'est-à-dire une «comédie galante mêlée de musique et d'entrées de ballet». Elle ne fut point écrite sous la libre inspiration du génie de Molière, mais sur l'ordre du roi qui ne permettait d'en faire qu'un des «plaisirs de l'île enchantée». L'inévitable comparaison avec *El desden con el*

______

(1) La signora Anna Bergerotti, — Bordigoni, Chiarini, Ion. Agustin, Taillavaca, Angelo Michaël.

desden est, si l'on veut mettre les deux pièces sur le même pied, une injustice et une sottise. La comedia de Moreto est le résultat de longs et patients efforts. Le thème qu'elle développe avec tant d'ingéniosité avait été déjà plus d'une fois traité. Tirso (*Celos con celos se curan*), Montalban (*Los desprecios en quien ama*), Calderon (*Para vencer amor querer vencerle*) et Rojas (*A lo que obliga el desden*) en avaient tiré plus d'une scène piquante. Le «phénix des esprits espagnols» n'avait eu garde de négliger une matière si précieuse. Moreto ne doit probablement rien à ses *Milagros del desprecio*, mais il a trouvé dans sa *Vengadora de las mujeres* le plan sur lequel il a travaillé. Il a fait d'ailleurs plus d'un essai pour mettre le plus heureusement à profit les indications de ses devanciers. *El desden con el desden* est le chef-d'œuvre dont l'une des meilleures ébauches s'appelle *El poder de la amistad*. La *Princesse d'Elide* est, au contraire, une composition hâtive dont l'auteur n'a pas eu le temps de convertir «en sang et nourriture» la matière qu'il empruntait. Les Français qui s'ingénient à lui découvrir une triomphante originalité ne sont guère que des maladroits, et les Espagnols auraient vraiment une générosité plus que castillane s'ils n'en profitaient point pour diminuer notre Molière au profit de leur Moreto.

La vérité est que la *Princesse d'Elide* commence par être une adaptation en vers, et devient, dès la seconde scène du deuxième acte, une sorte de traduction en prose qui résume un peu sèchement les «*jornadas*» dont elle suit à peu près exactement la marche (1). Les seules transformations importantes que Molière fait subir au *Desden* lui

(1) Pour se faire une idée de la fidélité avec laquelle Molière reproduit parfois son original, on peut comparer *El Desden*, I, 6 et *la Princesse*, II, 4. Voici, par exemple, comment s'exprime Diana: «Seigneur, dit-elle à son père, je te prie de me donner licence avant que tu continues et que ta parole s'engage à quelque chose qui puisse tourner mal pour toi, de l'exprimer auparavant mes sentiments. Le premier, c'est que contre toi je ne puis avoir de volonté et n'en ai point, car je n'ai pas d'autre arbitre que ton commandement. Le second, c'est que me marier, seigneur, ce serait la même chose que mettre le lacet à mon cou et le poison dans mon cœur. Me marier et mourir, c'est tout un; mais mon obéissance passe avant ma vie. Ceci bien établi, vienne maintenant ton décret». La princesse française ne s'exprime guère autrement: «Seigneur, je vous demande la licence de prévenir par deux paroles la déclaration des pensées que vous pouvez avoir. Il y a deux vérités, seigneur, aussi constantes l'une que l'autre, et dont je puis vous assurer également: l'une, que vous avez un absolu pouvoir sur moi, et que vous ne sauriez m'ordonner rien où je ne réponde aussitôt par une obéissance aveugle; l'autre, que je regarde l'hyménée ainsi que le trépas, et qu'il m'est impossible de forcer cette aversion naturelle. Me donner un mari, et me donner la mort, c'est une même chose; mais votre volonté va la première, et mon obéissance m'est bien plus chère que ma vie. Après cela, seigneur, prononcez librement ce que vous voulez».

ont été presque toutes imposées par le cadre même dans lequel il lui fallait placer sa comédie. C'est ainsi qu'il est obligé de remplacer par une chasse les fêtes brillantes que les galants offraient à la princesse espagnole. Pour rester dans le ton du ballet de cour mythologique, il donne à ses personnages des noms antiques qui s'accordent assez mal avec leurs sentiments et leur langage. Il ne peut plus, par suite, conserver intégralement le rôle du *gracioso*, tour à tour valet de Carlos et médecin de Diana (1). Il le distribue donc entre Arbate, gouverneur assez froid et assez inutile, et une sorte de bouffon dont les plaisanteries ne se dépouillent de la saveur castillane que pour prendre un comique un peu banal (2). Il ne se montre vraiment su-

(1) Carlos est le nom de l'Euryale espagnol, et c'est, chez Moreto, Diana qui tient le rôle de la princesse d'Élide.

(2) Le valet de Carlos s'appelle Polilla et il s'introduit auprès de Diana en se donnant le nom de Caniqui et en se présentant comme une sorte de médecin burlesque qui mêle le latin aux traits d'esprit et cherche une place de bouffon. Polilla-Caniqui a des plaisanteries parfois un peu pénibles et parfois trop spécialement espagnoles. On ne pouvait point traduire en français des calembours bilingues comme celui où il joue sur le sens du mot *loco* qui désigne en latin un endroit et en espagnol un fou (I. 5). Mais comme il use avec esprit de la familiarité que les mœurs de son pays lui donnent à l'égard de son maître! Quelles plaisantes comparaisons il imagine pour expliquer le désir de son maître et lui prédire la chute de Diana (Cf. I, 1)! Le Moron de Molière, malgré son nom de *gracioso* (Cf. la comedia de Calderon *El Astrologo fingido* transportée sur notre

périeur que dans le dénouement auquel il donne
plus de naturel, de décence et de finesse (1). La

scène en 1646 par d'Ouville et en 1648 par Thomas Corneille), est
loin d'avoir la même saveur. La plupart de ses effets burlesques
dans les intermèdes ne sont guère originaux. Sa poltronnerie devant
l'ours, l'amour que Philis lui inspire quand il la voit traire une
vache et sa chanson grotesque («En seras-tu plus grasse De m'avoir
fait mourir ?», tout cela est à peine du Molière puisqu'on pourrait
croire que c'est du Scarron.

(1) Cf. RICCOBONI. — *Observations sur la comédie et sur le génie
de Molière*. Paris, 1736. — Voici comment Riccoboni parle du
dénouement «imité et corrigé» par Molière: «Molière, après avoir lu
l'original, trouva ridicule que la princesse, qui ne pouvait douter
que le prince n'aimât sa cousine, s'offrît elle-même à lui en le
choisissant pour époux. Le sexe, le rang, la bienséance, tout était
blessé puisqu'elle s'exposait à un refus certain, si ce prince avait
aimé une autre personne. Notre auteur, qui connaissait parfaitement
les mouvements du cœur, arrange si bien la fable que la princesse
apercevant son amant avec son père et ne sachant pas de quoi il
s'agit entre eux découvre à celui-ci, dans l'embarras où elle est et
devant tout le monde, qu'elle aime le prince, sans cependant se
déclarer tout à fait. Le moyen dont elle se sert est la prière qu'elle
fait à son père de refuser au prince sa cousine en mariage; elle
cherche à se faire illusion et veut persuader qu'elle n'agit de la
sorte que pour punir le prince de son insensibilité. Ce prétexte,
tout spécieux qu'il paraît, fait assez entendre que l'amour est le
motif qui l'anime. Cependant le père consent à sa demande et
lui propose en même temps pour empêcher le prince de se marier
avec sa cousine de le choisir elle-même pour époux. En ce moment
Molière par un coup de maître fait dire à la princesse: Vous vous
moquez, seigneur, et ce n'est pas ce qu'il demande. Alors le prince
se jette à ses genoux. Sur cela le père la presse de terminer le
mariage, mais la princesse pour s'épargner la confusion où la
jette l'aveu qu'elle vient de faire lui demande le temps d'y penser,
et la pièce finit. — Le goût, la finesse du sentiment naturel et de
la vraisemblance se trouvent dans l'économie de ce dénouement;
les égards du sexe et du rang, la délicatesse du cœur et toutes les
bienséances y sont marquées avec un art que l'on ne peut trop

princesse d'Elide ne s'impose point avec la même liberté choquante à celui qui l'a conquise par son dédain.

Cette réserve n'empêche point qu'on regrette dans la pièce française les brillantes couleurs de la comedia. Les princes de Messène ou de Pyle ne réussissent point à nous faire oublier le comte de Barcelone et le prince de Béarn et leur courtoisie passionnée. Assurément, Molière ne pouvait s'accommoder de ces gongorismes, d'ailleurs fort rares, qui allument un incendie à la neige du dédain (I, 1). Il a malheureusement décoloré plus d'une fois ce qu'il était obligé de transposer. La Diana de Moreto avait sans doute dans son langage des recherches trop subtiles. Il fallait cependant ne la guérir qu'à moitié de cette gracieuse maladie. Comment, sans être une précieuse, aurait-elle défendu avec tant d'obstination ses idées sur l'amour et le mariage ? Elle risquait de ne prendre plus d'humanité générale qu'en prenant aussi plus de froideur.

Plus encore que la couleur, le développement nécessaire manque à la *Princesse d'Elide*. On lit à

admirer. Ainsi, malgré les difficultés qu'il avait à surmonter, Molière a rendu ce dénouement excellent, de défectueux qu'il était dans l'original».

la fin de la première scène du second acte : «Le dessein de l'auteur était de traiter ainsi toute la comédie. Mais un commandement du roi qui pressa cette affaire l'obligea d'achever tout le reste en prose, et de passer légèrement sur plusieurs scènes qu'il aurait étendues davantage s'il avait eu plus de loisir». Voilà pourquoi l'effort désespéré de Diana pour faire appel à la jalousie de celui qui feint de la dédaigner est peint en espagnol avec les couleurs le plus justement variées, et en français avec une brièveté un peu terne (1). Voilà pourquoi on ne sent presque jamais dans la *Princesse d'Elide* la liberté souveraine du génie qui mêle sans effort les divers souvenirs de ses lectures et de ses observations et qui les fond, pour en tirer un personnage vivant, dans le creuset d'une imagination créatrice.

Il n'est donc pas étonnant qu'on n'y rencontre point cette étude pénétrante de l'âme humaine qui fait d'ordinaire la supériorité des grands maîtres de notre théâtre classique. La comedia se contente généralement de l'esquisser. Avec *El desden con el desden*, elle a fait la plus heureuse tentative pour la pousser jusqu'à sa perfection.

---

(1) Cf. *El Desden*, III, 5 et *la Princesse*, IV, 1.

Jamais comédie n'a mieux justifié son titre. Chez le
« galan » comme chez la « dama », l'amour naît du
mépris, parce qu'il entre dans sa nature un peu
et beaucoup d'amour-propre (1). Comment la passion peut jaillir du combat d'un dédain contre un
dédain, il est difficile de le faire voir avec plus de
finesse et de vivacité (2). Stendahl aurait admiré,
s'il l'avait connue, cette peinture d'une originale
« cristallisation ». Je crois bien que si Molière n'a
point remanié plus tard sa *Princesse*, c'est à cause
de l'estime profonde que lui inspirait son modèle.
Il a senti qu'il lui serait difficile, en gardant le
même thème d'intrigue, de mettre sa propre griffe
sur l'analyse ingénieuse et dramatique que Moreto
avait faite d'un amour né du dépit et exaspéré par

(1) Cf. I, 1. «Quand j'eus vérifié que les mépris de Diana venaient
d'un dédain général et non d'une répugnance à mon égard, j'aurais
dû, c'est clair, cesser de me piquer au jeu. A bien considérer un
sentiment si raffiné, plutôt que des regrets j'en aurais pu tirer des
rires. Mais voici où se révèle la faiblesse la plus indigne de notre
nature. Cette beauté même que dans ma liberté première je jugeais
froide à plus d'un rapport, quand je la vis dédaigneuse, miracle
impossible à la vue, elle que le regard me montrait ordinaire me
parut extraordinaire. O lâcheté du désir !... A ce qu'il voit difficile
il attache un prix que sa réalisation même lui enlève. Plus je regardais
Diana, et plus belle elle me paraissait, etc...»

(2) Cf. surtout l'admirable scène (III, 10) où Diana lutte déses-
pérément contre sa passion et, malgré ses efforts pour faire triompher
le sentiment de sa dignité, laisse éclater devant Cintia l'amour
furieux et menaçant qu'elle ne peut plus contenir.

la contrainte qu'il s'impose comme par la présence
d'un objet qui s'idéalise dans la lutte soutenue.

Est-ce à dire que Molière n'ait tiré de *El desden*
d'autre profit que le moyen d'écrire en hâte une
comédie qui pût prendre place dans le programme
des divertissements royaux (1)? Il y a rencontré,
au contraire, le plus utile des exemples. Il y a vu
comment la psychologie offrait au comique autant
de ressources qu'au tragique. La lutte entreprise
par Diana ne cesse point d'être plaisante jusque
dans la douleur de sa défaite. La jalousie appelle
souvent dans la comedia du sang et des larmes.
Elle ne perd rien de sa force dans *El desden*, mais
elle nous émeut sans nous donner d'angoisse,
puisque par sa souffrance même l'amour-propre
qui l'a provoquée va se purifier en amour. Nous
sourions de la fureur de Diana parce que nous
savons bien qu'il ne lui en coûtera que la perte
de son orgueil. C'est ici un duel qui ne suspend

-----

(1) Je ne cite que pour mémoire les devises castillanes que,
suivant une coutume en honneur au delà des Pyrénées, portent
quelques-uns des courtisans qui prennent part aux divertissements
offerts à deux reines espagnoles. Sur l'écu du duc de Saint-Aignan,
on voyait un timbre d'horloge avec ces mots: *De mis golpes mi
ruido.* La devise du marquis d'Humières, qui représentait Ariodant,
était d'une couleur plus proprement espagnole. Elle était faite de
toutes sortes de couronnes, avec ces mots: *No quiero menos* (Je ne
veux pas moins).

sur la tête de personne l'épée vengeresse d'un parent. Les blessures qu'il cause ne déchirent deux âmes que pour y faire une place plus large au bonheur. Molière avait de trop bons yeux pour ne pas être frappé à la fois par la force tragique de la passion de Diana et par le caractère comique de l'impression qui s'en dégage. Il a dû trouver dans la pièce de Moreto d'excellentes raisons pour se confirmer dans la conception qu'il se faisait de son art et de ses plus hautes manifestations. Le roi ne lui avait pas laissé le loisir de n'y prendre que d'heureuses indications (1). Mais, quatre jours après la *Princesse d'Elide*, il faisait représenter les trois premiers actes du *Tartuffe*. Il entrait désormais dans la plénitude de son génie.

(1) On peut donner une autre raison de l'imitation si étroite que Molière fait de Moreto. On faisait volontiers consister de son temps le mérite de l'auteur dans la découverte de son original. (Cf. E. MARTINENCHE, *la Comedia espagnole en France*, p. 339 et 340). — Comme nul n'avait avant lui mis à profit *El desden con el desden*, Molière a pu se croire autorisé à en user plus cavalièrement avec cette comedia.

L'épanouissement du génie de Molière

L'épanouissement du génie
de Molière

A partir du moment où Molière s'est fait une idée nettement déterminée du rôle de la comédie et de ses moyens d'expression, quand il est pleinement maître de son art, la suite de ses pièces ne s'explique que par la variété de son inspiration et par les exigences de sa situation à la Ville et à la Cour. Le chef des comédiens du roi s'estime trop heureux de travailler, chaque fois que l'occasion s'en présente, pour le divertissement de son maître. Le directeur de la troupe française du Palais-Royal est obligé de tenir compte de la mode, et de s'abandonner parfois sans contrainte à sa verve, s'il veut continuer à attirer tout le public et à ne pas voir diminuer pour ses camarades les parts inscrites sur le registre de La Grange. L'ami de Boileau écrit, quand il en a le loisir, ces œuvres qui, sans «peut-être», lui assurent le «prix de son art». Dans ces diverses productions, qu'il vaut mieux classer d'après les besoins auxquels elles répondirent que selon l'ordre chronologique, le théâtre espagnol n'exerce point la même influence. Il ne fournit guère que des matériaux aux chefs-d'œuvre classiques. On retrouve un peu plus de sa saveur dans le comique des pièces qui furent commandées pour les spectacles de la cour. Son esprit satirique a laissé des traces dans les comédies dont les médecins font les frais principaux. Il semble enfin que l'exemple de sa liberté ait parfois engagé Molière sur une voie que ne lui indiquaient ni Plaute ni Térence et que lui interdisaient les idées de son milieu et les préceptes de Boileau. Dans chacune de ces catégories, qui communiquent d'ailleurs plus d'une fois entre elles, quelle que soit la part qu'on veuille accorder à l'Espagne, on ne peut, en tout cas, la déclarer imaginaire ou négligeable.

Les chefs-d'œuvre classiques

Le *Tartuffe* est peut-être l'œuvre la plus mûrement réfléchie de son auteur. Le sujet délicat qu'il traitait ne se prêtait point à la rapidité de la composition, et les circonstances qui ont retardé la représentation de la pièce ont amené plus d'une retouche. L'insistance parfois menaçante (1) avec laquelle Molière a réclamé le droit de donner au public le plus vigoureux de ses chefs-d'œuvre nous prouve clairement l'importance qu'il y attachait. L'auteur qui n'a jamais voulu trouver le temps de revenir sur la *Princesse d'Elide* connaissait mieux qu'aucun autre la valeur de ses propres efforts. En plaidant pour son *Tartuffe*, peut-être était-il poussé par un esprit de polémique contre un parti qu'il n'aimait point, mais il n'aurait assurément pas montré le même acharne-

(1) Cf. le second placet: «Il est très assuré, sire, qu'il ne faut plus que je songe à faire de comédie si les tartuffes ont l'avantage».

ment s'il n'avait eu la certitude de défendre une des plus originales manifestations de son art et de son génie. Il serait donc parfaitement ridicule de chercher dans des rapprochements plus ou moins discutables une occasion de diminuer la nouveauté hardie de cette création. Il suffira de faire voir que, parmi les matériaux mis en œuvre dans le *Tartuffe*, la plupart de ceux qui viennent de l'étranger ont été apportés d'Espagne.

Pourquoi Molière a-t-il songé à une comédie contre l'hypocrisie ? Je ne crois pas qu'il soit nécessaire d'en chercher d'autres raisons que ses expériences personnelles et la loyauté de sa nature. Par quel mobile a-t-il été déterminé à écrire cette comédie ? Par le ressentiment des attaques perfides de ses ennemis contre la prétendue impiété de son *Ecole des Femmes*. De quels éléments enfin pouvait-il disposer ? L'hypocrisie est un vice humain. Elle est donc de tout temps et il n'y a pas lieu de supposer que disparaisse jamais cet «hommage rendu à la vertu». Notre moyen-âge n'avait eu besoin d'aucun exemple étranger pour la peindre avec des traits ineffaçables sous le nom de Faux-Semblant. Il n'en est pas moins vrai que, sous sa forme religieuse, elle semble avoir trouvé sa véritable patrie en Espagne. Elle ne

pouvait nulle part se faire plus facilement sa place
que dans un pays où la religion s'est mêlée si souvent
aux actions les plus familières et quelquefois les
plus opposées du monde à ses commandements.
Quelque naturelle à l'esprit humain que soit la
contradiction, on trouverait difficilement ailleurs
dans la littérature et dans la vie des personnages
aussi sincèrement catholiques malgré la dissolu-
tion de leurs mœurs que certains héros de la nouvelle et du roman picaresques, et, pour ne citer
que le plus illustre des exemples, je crois bien
qu'aucune autre nation de l'Europe n'a connu un
poète qui fût à la fois un aussi bon chrétien et un
aussi grand pécheur que le prêtre Lope de Vega.
Dès les dernières années du XVme siècle, dans
une œuvre touffue mais puissante où l'on peut
chercher les origines du drame moderne, dans la
tragi-comédie de Calixte et Mélibée (1) se dressait
une figure d'entremetteuse hypocrite dont la littérature européenne a souvent reproduit le type,
mais sans en égaler jamais la vérité et la vive
variété L'insinuante habileté de ses raisonnements

(1) Sur cette tragi-comédie plus connue sous le nom de *La
Célestine* et sur son rôle dans la formation du théâtre espagnol, Cf.
E. MARTINENCHE: Quatenus Tragicomœdia de Calisto y Melibea ad
informandum hispaniense theatrum valuerit. (Nîmes. 1900).

corrupteurs, son égoïsme et sa sensualité, l'étalage habile de sa dévotion et la diversité calculée de ses attitudes font de Célestine l'aïeule inoubliable de ces nombreux enfants dans la parenté desquels il convient de placer et Tartuffe et Frosine. L'influence de cet admirable original a été si forte qu'avant Molière elle a presque toujours imposé le même cadre aux différentes épreuves qu'on en a tirées en dehors de son pays. C'est presque toujours sous les traits d'une entremetteuse ou d'un entremetteur qu'on a peint l'hypocrisie. Pour ne rappeler que deux œuvres auxquelles Molière a peut-être emprunté quelques détails, l'Ipocrito de l'Arétin, qui jette si charitablement Annetta dans les bras de Zefiro, nous est présenté comme un homme «capable de corrompre le printemps». Quant à la Macette de Régnier, on sait assez son rôle et sa façon d'absoudre le péché qui se cache; mais il n'est pas inutile de redire ici qu'elle a reçu directement sa part de l'héritage de Célestine et qu'elle ne se rattache pas seulement à elle par l'intermédiaire de la Jacovella de Salviani ou d'autres «rufianas» italiennes. Quand Molière paraît se souvenir de la satire française, c'est encore de la matière espagnole qu'il manie.

Tout en restant dans son pays et sans sortir de

son temps, il pouvait trouver des indications du même genre et de la même origine dans des nouvelles qui n'étaient guère que des traductions. Lamie, la «dévote hypocrite» de Lancelot (1), visite les cloîtres de religieuses, fréquente les églises où se distribuent les indulgences, et ne parle en public qu'à des prédicateurs et à des casuistes. Tous ces prédicateurs auraient été bien étonnés de l'emploi de ses nuits, et aucun de ces casuistes n'aurait pu excuser les conseils qu'elle donne à sa sœur, et qui témoignent qu'elle a «plus étudié dans les livres de Célestine que dans les œuvres de Grenade» (2). La *Fouïne de Séville ou l'Hameçon des bourses* (3) a sans doute été plus directement utile à Molière que la *Dévote hypocrite*. Cette nouvelle, tirée par d'Ouville de l'espagnol de don Alonso Castillo Solórzano, est une sorte de roman picaresque qui nous conte la vie et les exploits de l'intrigante Rufina. Au cours de ses pérégrinations pour échapper à la justice,

---

(1) Cf. *Les Nouvelles de Lancelot* tirées des plus célèbres auteurs espagnols, Paris, chez Pierre Billaine, 1628. L'original de *La Dévote hypocrite* s'appelle *Las dos hermanas* (Les deux sœurs). C'est la troisième nouvelle du *Teatro popular* de don Francisco de Lugo y Davila (Madrid, 1622).

(2) Luis de Granada.

(3) Paris, 1661. Voici le titre en espagnol: *La garduña de Sevilla y anzuelo de las bolsas*.

Rufina entend parler par des voleurs d'un faux ermite qui leur sert d'indicateur et de recéleur, et elle s'introduit chez lui pour le dépouiller. Cet hypocrite, du nom de Crispin, ne reste point insensible devant sa beauté. Il l'appelle «sœurette en Christ», ou encore «créature de Dieu (et combien parfaite !)». Trompé par le récit qu'elle lui a fait d'une aventure romanesque, il n'ose lui exprimer brutalement son désir, et il imagine, pour se faire entendre, de peindre les dangers d'un joli visage. «Ne vous étonnez point, dit-il en affectant de rougir, de ces raisonnements étrangers à l'habit que je porte. C'est parce que je suis homme que je le dépouille pour vous parler ainsi». Si Molière a puisé quelque part l'idée de faire Tartuffe amoureux d'Elmire et de mêler dans l'expression de son désir l'amour des beautés éternelles à celui des temporelles, il me semble qu'elle lui est venue plutôt en lisant la *Fouïne de Séville* qu'en remontant au *Décaméron* (1). Ai-je besoin de faire remarquer l'heureux parti que, pour la peinture de son personnage comme pour le mouvement dramatique de son action, il a tiré d'une situation et d'un entretien à peine esquissés ?

____

(1) Dans la huitième nouvelle de la troisième journée, un père abbé déclare à sa pénitente (qui s'étonne de ses paroles) que sa beauté est seule coupable et qu'il est homme comme les autres.

Il a trouvé plus et mieux dans une autre nouvelle espagnole : *La Fille de Célestine* (1). Alonso Salas Barbadillo nous y raconte les principaux exploits d'une de ces aventurières dont le roman picaresque a toujours fait ses héroïnes préférées. Il est également l'auteur de cette *École de Célestine* (2), dont la *Fouïne de Séville* ne manque point d'appliquer les préceptes (3). La nouvelle de Barbadillo avait été transportée en France en 1655. Dans les *Hypocrites*, Scarron se contente d'ajouter ou de supprimer quelques détails à l'original dont il suit pas à pas la marche, et dont il ne modifie guère qu'une partie du dénouement (4).

(1) Dans l'essai historique qui précède sa traduction de la Célestine (Paris, 1841), Germond de Lavigne attribue *La Fille de Célestine* à **Juan de Herrera**. Il a pris pour l'auteur l'éditeur de la réimpression faite à Madrid en 1614.

(2) *La Escuela de Celestina y el hidalgo presumido.* Madrid, 1620.

(3) Solórzano a donné quatre sœurs à l'Elena de Barbadillo dans son roman *Las Arpias de Madrid y coche de las Estafas* (Madrid, 1631).

(4) Au lieu de recevoir le châtiment d'Elena, Hélène part pour les Indes avec le neveu de celui qui fut la victime de sa première escroquerie. C'est là le seul changement que Scarron fait subir à l'intrigue de Barbadillo. Dans son Épître dédicatoire, il écrit: «Cette seconde nouvelle n'est point enjouée comme la première: mais aussi il n'y a rien d'emprunté ni qui ressemble à un conte de Peau-d'Ane». Il faut prêter à Scarron une bien grande impudence pour prendre, comme M. Mesnard, le mot «emprunté» dans son sens ordinaire. Il vaut peut-être mieux entendre par là que la seconde nouvelle est moins enjouée, mais plus naturelle que la première.

Molière a sans doute lu d'abord cette traduction française, mais l'emploi qu'il fait dans sa pièce d'un ou deux traits qui ne s'y trouvaient point laisse supposer qu'il s'est reporté au texte espagnol (1). Il est certain, en tout cas, que, directement ou non, il doit à Barbadillo les plus précieuses de ces indications dont il savait faire de véritables trouvailles. C'est Montufar qui a enseigné à Tartuffe sa démarche et ses pieuses exclamations. C'est à l'exemple du premier que le second parle de ses charitables visites aux prisonniers. C'est l'Espagnol qui a appris au Français les termes exagérés de sa feinte humilité (2).

(1) Cf. dans *la Revue de Loir-et-Cher* (30 septembre, 31 octobre et 30 novembre 1887) les trois petits articles publiés par P. d'Aglosse (pseudonyme de M. de Roberville) sous le titre: *Molière, Scarron et Barbadillo*. On y trouvera, avec une traduction de l'épisode de *La Fille de Célestine* qui intéresse *Le Tartuffe*, l'indication de quelques détails qui ne se trouvent point chez Scarron et dont il semble que Molière se soit souvenu. Par exemple, le costume du Montufar espagnol fait songer plus que celui du Montufar français à l'habit qu'avait primitivement revêtu Tartuffe.

(2) «Oui, mon père (dit Tartuffe, III, 6), je suis un méchant, un
[coupable,
Un malheureux pécheur, tout plein d'indignité,
Le plus grand scélérat qui jamais ait été».

Ces mots peuvent provenir directement de la traduction de Scarron: «Je suis le méchant, je suis le pécheur, je suis celui qui n'ai jamais fait rien d'agréable aux yeux de Dieu». Mais la *Lettre* du 20 août 1667 *sur la comédie de l'Imposteur* fait dire au Tartuffe de cette époque «qu'il n'est qu'un ver, un néant». Or, ces expressions

L'admirable péripétie qui nous montre Tartuffe s'accusant lui-même et prenant la défense de Damis qui vient de l'outrager (III, 6), ce coup de théâtre si important à la fois pour la peinture de l'imposteur et pour le mouvement de l'intrigue, cette dramatique farce du pardon des injures avait été déjà jouée à Séville par Montufar (1). Molière n'y a guère ajouté que le jeu de scène qui jette Orgon aux pieds de Tartuffe agenouillé. Il n'en reste pas moins profondément original dans son imitation. L'épisode dont il se souvient n'était nullement préparé dans la *Fille de Célestine*. Rien n'avait révélé chez Montufar l'habileté ou le tempérament d'un hypocrite. Et, à vrai dire, ce n'est point un hypocrite ; c'est proprement un « rufian », un de ces innombrables descendants du Centurio de la *Célestine*, qui savent tour à tour caresser et rosser les femmes dont ils vivent, et qui n'usent guère qu'à leur égard des bravades de leur langue et de la pesanteur de leurs poings. L'hypocrisie

que ne donne point Scarron se rencontrent, comme le fait remarquer M. de Roberville, dans l'original espagnol: «Si le preguntaban su nombre, respondia: El jumentillo, *la bestezuela*, el muladar, el lodo hediondo, *el Inútil*».

(1) Dénoncé par un honnête homme de Madrid qui savait à quoi s'en tenir sur la vertu d'Elena, Montufar l'arrache à la fureur du peuple qui veut venger l'offense faite à son saint, et s'humilie publiquement à ses pieds.

qu'il étale à Séville ne lui est point naturelle ; elle est simplement une ruse, un mode d'existence brusquement adopté. En faisant de son stratagème (1) un trait de caractère, Molière y a imprimé la marque souveraine de son génie.

C'est avec le même art original qu'il prête si naturellement à son Tartuffe les doctrines de la casuistique espagnole. La «direction d'intention» (IV, 5) et les «restrictions mentales» (V, 1) que le *bon Père* des *Provinciales* avait exposées d'après Sanchez lui ont permis de donner un relief plus saisissant à la figure de l'Imposteur. Il ne doit qu'à sa propre imagination d'avoir su fondre en un mélange vivant les souvenirs de ses lectures et ses propres observations. Le type qu'il a créé est demeuré dans la mémoire des hommes comme la plus expressive peinture du vice qu'il représente. L'hypocrite n'a plus cessé de s'appeler

(1) Dans la fameuse scène qui a fourni à Molière la péripétie essentielle de sa comédie, Scarron se contente de parler de «la présence d'esprit admirable» de Montufar. Le texte espagnol fait mieux voir encore que l'hypocrisie de ce «rufian» n'est point une attitude qu'il prend naturellement, mais la plus habile des ruses qu'il imagine selon les circonstances: «Parecióle à Montufar que en ningun tiempo convenia mostrar mayor esfuerzo, i que si daba espaldas en aquella ocasion seria conceder mucha flaqueza... i assi pensó una cosa, que luego executó, que le dió mayor credito con el pueblo, i reconció el animo de su enemigo».

un tartuffe. Un critique allemand, qui connaissait fort bien le théâtre espagnol, s'est efforcé pourtant de lui opposer un rival ou plutôt une rivale. Dans son histoire de la littérature et de l'art dramatiques en Espagne, M. de Schack n'hésite pas à préférer à Tartuffe la Marta de Tirso de Molina qu'il déclare «d'un coloris infiniment plus poétique». Il y a dans *Marta la piadosa* une peinture parfois assez plaisante d'une feinte dévote. Doña Marta ne manque point, comme Montufar, de parler de ses visites aux pauvres de l'hôpital général. Elle affecte une compassion si tendre qu'elle ne voudrait point que pour elle on mît à mort un moucheron (1). Elle introduit dans sa maison, sous le costume d'un étudiant pauvre et qui se dit paralytique, un amoureux que sa charité chrétienne lui fait volontiers soutenir dans ses bras. Elle attribue les cris que la jalousie lui a arrachés à l'indignation qu'elle a éprouvée à entendre un juron. Elle sait aussi feindre l'humilité pour s'agenouiller devant celui qu'elle a giflé, quand elle le croyait traître à son amour. Mais est-elle

----

(1) Cf. *le Tartuffe*, I, 5:
 «Jusque-là qu'il se vint l'autre jour accuser
 D'avoir pris une puce en faisant sa prière,
 Et de l'avoir tuée avec trop de colère».

vraiment une hypocrite ? Elle est, au contraire, toute disposée à se débarrasser du masque qu'elle s'est provisoirement jeté sur la figure (1). Sa chaste dévotion ne dure que jusqu'au moment où elle peut épouser don Felipe. Elle ne s'en est servie que comme d'une ruse, pour éviter un mariage odieux, pour endormir les soupçons de sa sœur qui est sa rivale, et pour arracher à la justice son amant qui est aussi le meurtrier de son frère. Ses réflexions piquantes sur les avantages de l'hypocrisie, qui lui vaut une indépendance qu'on lui refusait auparavant, ne sont que des bons mots, et non point de ces choses qui caractérisent l'âme. Elle est loin d'ailleurs de concentrer autour d'elle toute l'action qui s'éparpille dans des épisodes où interviennent assez froidement un vieillard riche et son neveu et deux jeunes gens insignifiants qui prétendent tous les quatre à la main de cette «béate énamourée» (2), ou de sa sœur, qui n'est qu'une sotte. M. de Schack a

---

(1) Pastrana, qui a reçu ses confidences, lui indique au dénouement le moment où elle peut l'ôter:

«No hay, Marta, sino quitarte la máscara de la cara».	Il n'y a plus, Marthe, qu'à t'ôter le masque de la figure.

(2) Cet autre titre de la comedia de Tirso indique plus clairement encore que l'hypocrisie de Marta n'est qu'une ruse passagère de son amour.

montré plus d'une fois qu'il cherchait volontiers dans ses éloges de la comedia une occasion de dénigrer notre théâtre classique (1). Il a oublié qu'il vaut mieux comprendre que comparer. Placer *Marta la piadosa* au-dessus du *Tartuffe*, c'est un parti pris qui ne mérite pas une indignation, mais un sourire (2).

Le *Misanthrope* est, pour ainsi dire, la *Bérénice* de Molière. Ce n'est pas son œuvre la plus populaire ni la plus proprement dramatique ; c'est celle où il a plus exactement réalisé sa conception de son art. Aucune autre tragédie ne nous fait mieux comprendre que *Bérénice* la poétique de Racine.

(1) C'est ainsi qu'ignorant la date de la naissance de Diamante il adresse à *El honrador de su padre*, qui n'est guère qu'une traduction du *Cid*, les éloges qu'il a refusés à Pierre Corneille.

(2) Tartuffe, même absent, est toujours présent dans la comédie à laquelle il donne son nom. La crainte qu'il inspire suffit donc à renouveler en la rendant plus dramatique la scène où, pour la seconde fois, Molière semble se souvenir du *Chien du jardinier* de Lope de Vega. Il faut pourtant noter que l'imitation est peut-être plus sensible dans *le Tartuffe* que dans *le Dépit amoureux*. La réconciliation des deux amants y est, en effet, comme dans l'espagnol, l'œuvre d'un domestique. Dorine joue assez exactement le rôle de Tristan quand elle prend successivement, pour les réunir ensuite, la main de Valère et celle de Marianne. «Tais-toi, sotte, dit à Marcela le valet espagnol. — Or ça, approchez. Que vous êtes fous tous les deux !» On sait comment la servante française détaille ce pluriel:

«Êtes-vous fou d'avoir un pareil démêlé ?...
Êtes-vous folle, vous, de vous être emportée ?» (II, 4).

Aucune autre comédie ne nous fait entrer plus justement que le *Misanthrope* dans les idées de Molière sur le genre qu'il a créé. C'est bien là la pièce entreprise pour faire rire les honnêtes gens non point des surprises ingénieuses de l'intrigue ou des bons mots de l'auteur, mais du ridicule qui s'attache naturellement aux agitations de l'âme humaine. Le peintre de ce tableau de la vie mondaine n'a demandé ses ressources qu'à ses observations personnelles. Si parmi les couleurs qu'il a broyées il en est une ou deux d'origine étrangère, elles ne se distinguent plus des autres dans l'harmonieuse tonalité de sa toile. Il est seulement curieux de noter que c'est encore l'Espagne qui pour le *Misanthrope* a fourni presque seule à Molière les rares suggestions qui ne lui sont pas directement venues du spectacle de la cour de Louis XIV.

Je ne pense pas qu'il faille lui faire un mérite singulier d'avoir inspiré la chute du sonnet d'Oronte. Où n'a-t-on point rencontré ce désespoir qui espère toujours ? Il est dans le refrain d'une sérénade du *Burlador de Sevilla*. Il était dans un quatrain dont Lope de Stuñiga entourait un pavot vert offert à une dame. Il était aussi chez Juan de Mena, et on le retrouve encore dans les premières ébauches du drame espagnol, chez Juan del Encina et chez Lucas Fernandez, comme dans la comedia ou la *novela* du XVIIe siècle (1). Mais n'était-il pas également dans une chanson de Ronsard et jusque dans le *Roman de la Rose?* Si Molière avait un souvenir présent à la mémoire lorsqu'il écrivait la fameuse scène du sonnet, c'était sans doute ce passage du *Licen iado Vidriera* (2) qui décrit si joliment les manèges d'un poète «de ceux de la première impression». Voyez-le «quand il veut dire un sonnet à d'autres qui l'entourent, les simagrées qu'il fait, disant : Écoutez un petit sonnet que j'ai fait ce soir à certaine occasion et qui, à mon sentiment, bien qu'il ne vaille rien, a un je ne sais quoi d'agréable. — Et là-dessus il se tord les lèvres, arque ses sourcils, se racle la poche et, entre mille papiers crasseux et à moitié déchirés où gît un autre millier de son-

---

(1) Cf. *El Burlador de Sevilla* (II, 12); *le Cancionero* de Gallardo; l'églogue de Juan del Encina intitulée *Placida y Vitoriano; la Farsa o cuasi comedia* de 1514 de Lucas Fernández; la comedia de Tirso de Molina *la Venganza de Tamar* (I, 11). M. Roy (Ch. Sorel, pages 136-138) prétend que la véritable source de la chute du sonnet d'Oronte se trouve dans *la Dévote hypocrite*, mais le rapprochement qu'il fait est certainement le moins significatif entre tous ceux qu'on a indiqués.

(2) Je rappelle que cette nouvelle de Cervantes avait inspiré *le Docteur de verre* qui forme le 3e acte de *la Comédie sans comédie* de Quinault jouée au théâtre du Marais en 1654.

nets, sort celui qu'il veut produire et le dit à la fin d'un ton mielleux et affecté. Si par hasard ceux qui l'écoutent, par malice ou par ignorance ne lui adressent point d'éloges, il dit : Ou vous n'avez pas bien compris le sonnet, ou je ne l'ai pas su dire. Il sera donc bon de le réciter une autre fois et que vous lui prêtiez un peu plus d'attention, parce qu'en vérité il est vrai que le sonnet le mérite. — Et il recommence à le réciter avec de nouveaux gestes et de nouvelles pauses» (1). Il y a du Trissotin dans ce poète. Mais il y a aussi de l'Oronte.

Le couplet d'Eliante sur les éloges décernés par les amants à l'objet aimé a fait couler moins d'encre que le sonnet à Philis. Je ne crois pas cependant qu'il dérive tout entier de Lucrèce. Dans ses *Récréations philologiques* (I, p. 216), Génin le rapproche avec raison d'un entretien où dans *Jodelet duelliste* dom Félix confie à son valet ses duperies amoureuses (I, 1). On y trouve sur la «sotte» et sur la «mince» un ou deux détails dont Molière paraît s'être souvenu et qui ne se rencontraient point chez le poète latin. Mais il n'en faut pas conclure le moins du monde que

____

(1) M. Foulché-Delbosc a, si je ne me trompe, signalé l'analogie que présente ce passage avec la scène du sonnet dans *le Misanthrope*.

Scarron a tiré parti à sa manière de Lucrèce ou d'Ovide Il a tout simplement traduit à sa façon son original espagnol. Dans *La Traicion busca el castigo*, Rojas faisait tenir à son don Andrès à peu près le même discours : ‹J'appelle la belle une déité..., je dis à la laide que son esprit lui soumettra les cœurs... Quand j'obtiens paisiblement les faveurs d'une grasse, je lui assure que je me meurs d'amour pour la majesté féminine. Si quelque malpropre s'offre à moi, je lui dis : Que la négligence va bien à une dame!». Don Andrès ne célèbre pas moins habilement les mérites de «la maigre», et il n'est pas plus embarrassé pour vanter «la naine» et «la Giralda» (1).

On peut, en cherchant bien, retrouver encore de l'Espagne non plus dans un ou deux traits comiques, mais dans le dénouement du *Misanthrope*. Célimène y est abandonnée à peu près de la même manière qu'Hélène de Torrez dans cet *Héritier ridicule* que Scarron avait tiré de Solórzano et que la troupe de Molière avait représenté en même temps que *Sganarelle*. C'est d'ailleurs la seule ressemblance qui existe entre Hélène et Célimène. L'une n'est qu'une «dame intéressée»,

____

(1) Ai-je besoin de faire remarquer que la fameuse tour de Séville représente ici «la géante» ?

et l'autre est une bien jolie coquette. La distance est presque aussi grande qui sépare Arsinoé de la «dévote hypocrite». Il est possible que Molière ait puisé dans la lecture de Lugo y Davila ou plutôt de son traducteur Lancelot l'idée d'opposer une prude à une coquette. Lamia s'enveloppe d'un voile trompeur de piété et de gravité, tandis que sa sœur Delia se laisse aller à son enjouement déluré. Peut-être aussi pourrait-on remarquer que Lamia cherche à ravir son amant à Delia comme Arsinoé s'efforce d'arracher Alceste à Célimène (1). Mais son odieuse hypocrisie et ses débordements secrets n'ont rien de commun avec les travers et les petites perfidies d'une prude sur le retour.

La seule dette importante que l'Espagne pourrait réclamer dans le *Misanthrope*, Molière l'avait contractée avant même de l'écrire, et il l'a annulée en l'écrivant. Alceste a fait oublier dom Garcie. Il dit souvent les mêmes vers, mais il les prononce

---

(1) M. Roy (dans son livre sur Ch. Sorel) note aussi que le discours de Lamie à Délie «sur les espérances prolongées qui se convertissent en désespoirs» est l'origine du couplet d'Arsinoé sur les galants:

«Et de là nous pouvons tirer des conséquences
Qu'on n'acquiert point leurs cœurs sans de grandes avances».

Mais ce qui est chez Lamie un conseil très précisément corrupteur n'est chez Arsinoé qu'une insinuation perfide.

autrement. Des scènes entières (II, 5 — IV, 7 et 8) ont passé du *Prince jaloux* dans le *Misanthrope* (IV, 2 et 3), et, parce qu'elles ne sont plus à la même place et ne se passent plus dans le même milieu, elles produisent un tout autre effet Dom Garcie portait encore la cape et l'épée; Alceste demeurera toujours l'homme aux rubans verts. En faisant de l'amant de Célimène un caractère d'une insociable loyauté, Molière ne nous éclaire pas seulement sur les contradictions de l'âme humaine, il trouve une source nouvelle du comique le plus délicat. Il n'est pas de sourire plus fin que celui qui vient au spectacle d'une âme fière et généreuse prise aux charmes d'une coquette dont les défauts l'attirent sans cesser de lui paraître odieux. La pièce qu'Alceste remplit de la lutte entre sa droiture et son amour est aussi éloignée qu'il se peut du genre de la comedia. Elle ne s'en rapproche que par la peinture à la fois plaisante et émouvante qui y est faite de la jalousie. On pourrait même dire qu'elle en diffère trop absolument. Elle affiche un mépris trop souverain pour l'intrigue, qui est méprisable, en effet, mais d'où dépend le mouvement nécessaire de l'action. Dans son horreur du burlesque, elle s'abstient d'effets comiques qui ne sont peut-être pas selon la nature,

mais qui ne sont faux qu'à la lecture et qui demeu-
rent légitimes sur la scène tant qu'ils ne dépassent
point le grossissement demandé par l'optique
théâtrale. Molière s'aperçut en le jouant que le
Misanthrope n'était parfaitement apprécié que des
connaisseurs.

C'est peut-être pour satisfaire un plus large
public qu'il a laissé dans l'*Avare* de ces mots pour
rire que ne justifient pas toujours le caractère ou
la situation de celui qui les prononce. Je ne vois
pas très bien, par exemple, comment on peut
expliquer autrement qu'Harpagon volé s'en prenne
aux spectateurs (IV, 7). Ces jeux de scène ne
diminuent point d'ailleurs la portée de la pièce.
Les emprunts qu'on a cru devoir y signaler n'en
diminuent pas davantage l'originalité. Sur la liste
qu'on en présente d'ordinaire, l'Espagne ne figure
pas. Elle peut pourtant y réclamer une place. Il
est certain que l'*Aululaire* de Plaute est la source
la plus importante de l'*Avare*. Mais les imitations
d'origine italienne n'y sont point du tout aussi
nombreuses qu'on l'a prétendu. On peut d'abord
écarter tous les canevas cités par Riccoboni qui ne
démontre pas leur antériorité par l'excellente rai-

son qu'elle est indémontrable (1). La plupart des autres rapprochements possibles ne sont pas aussi certains qu'on le pense. Il n'est pas sûr que le dénouement de l'*Avare* vienne des *Esprits* ou de la *Veuve* de La Rivey. Cette reconnaissance d'une fille et d'un garçon par un père qui les croyait perdus et qui est heureux de favoriser leurs amours, Molière pouvait tout aussi bien la trouver dans *Aimer sans savoir qui* (1645). C'est d'ailleurs un thème d'intrigue qui n'est pas plus nouveau dans l'original italien de La Rivey que dans l'original espagnol de d'Ouville. Je ne suis pas convaincu davantage que Frosine ait été inspirée par la Guillemette de la *Veuve*. Elle fait songer plutôt à la Rufine de la *Dame d'intrigue* (1663) de Chapuzeau. Cette entremetteuse, qui porte le même nom que la «fouïne de Séville», rappelle, si l'on veut, un des types les plus souvent employés par la commedia italienne et par notre ancienne comédie. Mais toutes les épreuves qu'on en a tirées dérivent également de l'illustre Célestine, la première et la plus habile dans l'art lucratif de «traire les hommes».

---

(1) On trouvera l'analyse de ces canevas dans la notice mise par M. Mesnard en tête de son édition de *l'Avare* (Œuvres de Molière, tome VII, pages 26-31). M. Mesnard me paraît fort bien montrer que ces canevas sont postérieurs à la comédie de Molière.

C'est l'Espagne qui est restée la véritable patrie de ces intrigantes escroqueuses. C'est elle, en tout cas, qui a fourni la «Dame d'intrigue». Dans l'Avertissement où il nous donne «ingénument» l'indication des «larcins» qu'il a faits, Chapuzeau nous déclare qu'elle est «du cru» d'un auteur espagnol qu'il a «habillé à notre mode». C'est peut-être chez cet auteur qu'il faut chercher la première forme du discours de Géronte (I, 3) sur les avantages qu'il y a, quand on cherche femme, à prendre une fille pauvre (1), et il est loin d'être impossible que l'équivoque sur ce *trésor* qu'est la fille ou le ballot de Crispin (2) ait été d'abord faite en espagnol (3).

Je ne désespère pas de trouver quelque jour au delà des Pyrénées l'original des deux scènes de la *Belle Plaideuse* (4) où il est indiscutable que Molière a pris son bien. Les explications entre le

(1) Si Molière s'en est souvenu, on conviendra qu'il l'a complètement renouvelé en le mettant dans la bouche de Frosine (II, 5).

(2) On sait que cette équivoque se retrouve dans *l'Avare*: «C'est un trésor, il est vrai, dit Valère, et le plus précieux que vous ayez sans doute» (V, 3). Il est juste d'ajouter que l'origine en est dans *l'Aululaire*.

(3) Peut-être aussi faut-il faire venir de la même source la stipulation de Philipin exigeant qu'Isabelle soit le prix du coffre rendu. On se souvient que Cléante ne veut restituer la fameuse cassette que si on lui accorde la main de Marianne (V, 6).

(4) L'achevé d'imprimer est du 15 août 1655.

père-usurier et l'emprunteur dans lequel il reconnaît son fils (I, 8) ; le mémoire du fesse-mathieu où sont inventoriés les vieux rogatons qui forment le surplus de la somme prêtée (IV, 2); ce sont là des imaginations dont Boisrobert me paraît incapable et que je ne serais pas surpris qu'il dût, comme presque toutes ses autres pièces, à la comedia (1). Il est encore dans l'*Avare* une ou deux situations auxquelles il n'est pas invraisemblable de supposer une origine espagnole. La rivalité amoureuse d'Harpagon et de Cléante, et surtout les sous-entendus par lesquels le fils exprime, en présence de son père, les sentiments que lui inspire Mariane (III, 7) ne sont pas sans rappeler l'attitude et les paroles de Lucindo et de Fenisa dans une jolie scène de cette *Discreta enamorada* (2) qui n'avait pas été inutile à l'*Ecole des Maris*. On pourrait enfin voir comme une ébauche de la dispute entre Valère et maître Jacques (III, 2) dans

(1) Cf. E. MARTINENCHE. — *La Comedia espagnole en France*, pages 402-405.

(2) Cf. *la Discreta enamorada*, II, 15. Comme Harpagon, le capitan Bernardo invite d'abord son fils à présenter ses civilités à sa future belle-mère et l'arrête ensuite dans l'expression d'une courtoisie qu'il trouve exagérée. Fenisa ne dit pas aussi heureusement que Marianne la répugnance qu'elle aurait à devenir la belle-mère de celui auquel elle ne peut déclarer directement son amour, mais elle lui souhaite une affection de beau-fils telle qu'elle puisse le prendre pour un mari

un *entremes* de Benavente (1) où Juan Rana, après
avoir fait reculer le galant qui lui demande la
main de sa sœur, recule à son tour devant lui
quand il s'aperçoit qu'il n'a pas affaire à un poltron.
Mais ce rapprochement ne prouve rien si ce n'est
que les farces espagnoles ne traitent pas une matière plus éloignée de notre comédie que les canevas italiens.

Nous en avons pour l'*Avare* de bien meilleures
preuves. Le vice que depuis Molière personnifie
Harpagon avait été, avant lui, souvent ridiculisé
en Espagne (2). Le don Marcos qu'avait peint
Maria de Zayas était un excellent modèle du gentilhomme pauvre qui amasse une petite fortune
en privant son corps du nécessaire et en faisant,
dans le sens propre de l'expression, des écono-
mies de bouts de chandelle. Les plaisanteries
qu'on faisait sur ce ladre qui mettait son honneur
dans son argent étaient de la même sorte que les
contes rapportés par maître Jacques sur la lésine

(1) *Los Muertos vivos*.
(2) Il y avait même un personnage de Quevedo dont le nom
était synonyme de ladre et d'avare. C'est le licencié Cabra de cette
Historia de la vida del Buscon qui avait paru à Rouen dès 1639. Le
traducteur des *Sueños et du gran Tacaño*, le sieur de la Geneste,
avait également fait connaître, sous le titre: *Lettres du chevalier
de l'Épargne*, une des satires les plus vives de Quevedo contre un
avare vainement importuné par des «harpies de Madrid».

de son maître (III, 1). Molière pouvait les connaître, puisque *El castigo de la Miseria* (1) se trouvait dans ces *Nouvelles tragi-comiques* où il avait déjà lu la *Précaution inutile* et les *Hypocrites*. Mais s'il a emprunté à l'Espagne quelques mots pour rire dont il a fait des traits de caractère, c'est dans l'*entremes* qu'il les a trouvés. Dans l'*Homme seul*, don Lesmes Cerezo se désole du départ de son domestique parce qu'il ne lui donnait rien et le nourrissait de privations. Le don Pegote de Calderón ne veut payer les dames que de sa personne. «Croyez bien, s'écrie-t-il, que, lorsqu'il s'agit de donner, je suis nul. C'est à ce point. . que je m'abstiens de rendre visite aux dames pour ne leur donner ni le bonjour, ni l'assurance de mes divers sentiments». N'est-ce pas l'origine de la boutade d'Harpagon «*Donner* est un mot pour qui il a tant d'aversion qu'il ne dit jamais : *Je vous donne*, mais : *Je vous prête le bonjour ?*». Enfin le docteur Borrego, que nous retrouverons à propos du *Médecin malgré lui*, s'indigne contre la gloutonnerie de ses visiteurs avec une colère dont l'exagération burlesque n'empêche pas de

______

(1) Scarron a conservé à sa nouvelle le titre de l'original espagnol, *Le Châtiment de l'Avarice*.

songer à Harpagon invectivant contre maître Jacques (1). Ces exemples, qu'on pourrait multiplier (2), suffisent à prouver que l'Espagne n'est pas absolument étrangère à la peinture que Molière a faite de l'avarice. Je n'ai pas besoin d'ajouter qu'ils n'en affaiblissent en rien l'originalité. Il y a plusieurs sortes d'avares dans toutes les littératures. Mais il n'y a qu'un Harpagon.

(1) On trouvera ces *entremeses* traduits et accompagnés de notes fort curieuses dans les *Intermèdes espagnols* de M. Léo Rouanet (Paris, 1897).

(2) Cf. *El talego-niño* de Benavente et surtout l'histoire de don Mendo dans la *novela* de Castillo Solórzano intitulée: *Las Aventuras del bachiller Trapaza*. Voici les trois premières *coplas* satiriques écrites par Trapaza contre don Mendo:

De achaque de una demanda
está enfermo don Civil,
que por no morir del dar
se cura contra el pedir.

Tomóle el pulso derecho
el doctor Algimesi,
venturoso en el matar
si en curar infeliz.

De la intercadencia juzga
que tiene el pulso tan vil
que aun en pulsar es avaro
por ser del dueño aprendiz.

Cet avare qu'on condamnerait à la mort en l'obligeant à donner et qui se soigne de la maladie causée par une demande est justement pourvu par Trapaza d'un médecin qui réussit fort bien à tuer et fort mal à guérir.

On n'a plus songé, après Molière, à reprendre sur la scène le sujet de l'*Avare*. On a pu, au contraire, en l'adaptant à une autre époque, y traiter de nouveau celui des *Femmes savantes*. C'est que, si cette charmante comédie ne voit nullement diminuer l'intérêt général qui s'y attachera toujours, elle n'en est pas moins, avant tout, un tableau de mœurs où sont très nettement inscrits le lieu et la date de sa composition. On n'a plus à démontrer aujourd'hui que Molière n'a pas voulu combattre chez la femme toute culture scientifique et littéraire. C'est un lieu commun qu'il faut réserver aux présidents des distributions de prix dans les lycées et collèges de jeunes filles. La question ne se serait pas posée de la même manière si l'on avait fait réflexion que la campagne poursuivie par Molière, et qu'il était loin d'être le seul à avoir entreprise, ne visait point un mal imaginaire, mais une sorte de pédantisme, moins dangereux assurément, mais peut-être plus répandu dans la société du XVIIme siècle que l'avarice ou l'hypocrisie religieuse. Il ne nous est pas difficile de citer des noms pour l'illustrer. Le *Cercle des Femmes savantes* (1) nous indique à la fin dans une clef

(1) Dédié à Mme la comtesse de Fiesque par M. de La Forge. A Paris, chez Pierre Trabouillet, au Palais, 1663.

fort curieuse comment s'appellent les héroïnes de ruelle énumérées d'abord sous un travestissement dans un dialogue en vers héroïques entre Mécène, Livie et Virgile (1). On y trouve, par exemple, un groupe de quatre femmes (2) qui «s'appliquent fort à la philosophie, et particulièrement celle de Descartes». Molière n'inventait donc rien quand il prêtait un amour si singulier à Armande pour les «tourbillons» et à Philaminte pour les «mondes tombants» de l'auteur des *Principes de la philosophie*. Il n'inventait pas davantage quand il raillait si cruellement le sonnet (3)

(1) *Arthenice* désigne, bien entendu, la marquise de Rambouillet. La marquise de Sablé se dissimule sous le nom de *Falmasie*. *Geminie* représente Marie de Jars demoiselle de Gournay. Mme de Bourneaus d'Anjou et Mlle de Loyac, qui toutes deux parlaient avec facilité l'espagnol, s'appellent l'une *Bérénice* et l'autre *Lycoris*. *Arethuse* est réservée à Mlle Desjardins «qui a écrit un roman, des pièces de théâtre, des églogues, des lettres et qui a surpassé toutes les Muses ensemble». On trouve aussi sur cette liste Mlle de Scudéry (*Sapho*), Mme Scarron (*Omphale*), et une *Sophronie* dont on vante surtout le jugement et qui n'est autre que la marquise de Sévigné.

(2) Ce sont Mesdames de Bonnevaut (*Barsine*), de Guedreville (*Galerite*), d'Outresale (*Urione*) et d'Hommecour (*Celie*).

(3) A titre de curiosité, j'indique, après le comte de Puymaigre (*la Cour littéraire de don Juan II*. Paris, 1873, t. II, p. 74), qu'on trouve chez Juan de Mena une sorte d'ébauche du fameux sonnet sur la fièvre qui tient la princesse Uranie. Voici comment le poète espagnol du XVe siècle parle de la fièvre quarte qui devait emporter don Juan II:

> Fuera, fuera la quartana,
> Fuera, fuera mal enxemplo,

et l'épigramme du pauvre abbé Cotin. Faut-il enfin rappeler que Ménage n'est guère épargné dans la fameuse querelle de Trissotin et de Vadius? Dans une œuvre qui, comme les *Femmes savantes*, tire aussi directement sa matière de l'observation du milieu contemporain, on ne peut évidemment accorder une bien grande importance aux suggestions venues de l'étranger. On va voir cependant que l'influence du théâtre espagnol n'y est pas tout à fait négligeable

Si Molière ne doit qu'au désir d'exercer des représailles la satire si libre qu'il s'est permise dans les *Femmes savantes*, il a pu trouver chez Calderón et chez Lope quelques utiles indications pour la comédie de mœurs dans laquelle il l'a enchâssée. L'intrigue de *No hay burlas con el amor* (1) fait voir parfois avec esprit que les plus

> Fuera de tan rico templo
> Donde nuestro bien emana:
> Vaya fuera, que profana
> Lo real e lo sagrado...

Le «riche temple» du roi rappelle le «riche appartement» de la princesse, et les deux derniers vers cités («Qu'elle sorte, car elle profane le royal et le sacré») font songer à l'exclamation de Cotin-Trissotin:

> «Quoi? sans respecter votre rang,
> Elle s'en prend à votre sang».

(1) *On ne badine pas avec l'Amour* (comedia de Calderón).

indifférents se prennent eux-mêmes au jeu de l'amour. Ses diverses complications n'ont rien de commun avec les dangers que fait courir à Henriette la cupidité de Trissotin. Mais elle mettait déjà en présence deux sœurs qui font l'une avec l'autre un contraste dont Molière a tiré le plus heureux parti. L'aînée, Beatriz, est une pédante qui parle grec et latin en castillan et qui ne s'exprime jamais que par périphrases alambiquées (1) Elle a, comme Armande, des minauderies de précieuse adulée et des dédains affectés pour un amant qu'elle sera ravie d'épouser. La sœur cadette, Leonor, sans avoir la charmante simplicité d'Henriette, parle comme elle clairement et ne dissimule en aucune manière à celui qui en est l'objet la tendresse de ses sentiments. On peut rencontrer aussi dans *No hay burlas* le germe d'une ou deux scènes des *Femmes savantes*.

(1) Elle appelle un billet «un papier maculé où un chalumeau ansarin (une plume d'oie) a chiffré des lignes brèves avec la liqueur éthiopienne (encre noire) fournie par un petit vase cornerin (un encrier en onyx)». A don Alonso qui lui fait remarquer que la «cruauté ne fut pas toujours le patrimoine de la beauté» elle réplique qu'il "procède par antonomasie». Il est curieux de noter que, parmi les termes «cultos» mis par Calderon dans la bouche de Beatriz, quelques-uns sont entrés dans l'usage ordinaire (Cf. II, 12: «*lúgubres, crepúsculos, equivocos*»). Nous nous servons également dans la langue courante de mots qui n'appartenaient dans notre xviie siècle qu'au vocabulaire des précieuses.

La conversation entre don Luis qui songe à épouser Beatriz et son ami don Diego qui cherche à l'en dissuader (I, 4) fait songer un moment au fameux dialogue entre Trissotin et Clitandre (IV, 3). Don Diego reproche à Beatriz son «trop d esprit» et de savoir. «Je ne voudrais pas, c'est certain, que ma femme en sût plus que moi; j'aime mieux qu'elle en sache moins». — «Quand donc, demande don Luis, la science est-elle mauvaise ?» (1). — «Lorsque, réplique don Diego, la science n'est pas à sa place. Qu'une femme sache filer, coudre et faire une reprise; elle n'a pas besoin de savoir la grammaire ni de faire des vers». Don Diego finit par parler comme Chrysale, mais il avait commencé par s'exprimer comme Clitandre. Dans la même comedia, la servante Inès est loin d'avoir la saveur de Martine, mais la querelle que lui fait sa maîtresse (I, 6) nous donne une première forme des reproches adressés à la victime de Vaugelas. «Quelle lutte, gémit Beatriz, il faut soutenir avec l'ignorance d'aujourd'hui!». Et, comme Inès ne lui apporte point le livre d'Ovide demandé par l'excellente raison qu'elle

_____

(1) Cf. *les Femmes savantes*, IV, 3:
   «Pour moi, je ne tiens pas, quelque effet qu'on suppose,
   Que la science soit pour gâter quelque chose».

ne sait même pas lire une affiche théâtrale : «Sotte obscure et ignare, s'écrie-t-elle, faut-il donc que tu ne tires aucun profit de ta *concomitance* de chaque jour avec moi!». On croirait entendre Bélise :

«O cervelle indocile !
Faut-il qu'avec les soins qu'on prend incessamment
On ne te puisse apprendre à parler congrûment ?» (II, 6).

La Dama boba de Lope, dans laquelle il semble que Molière soit allé plus d'une fois «à la picorée», lui a peut-être suggéré quelques boutades de Chrysale et de Clitandre. Octavio a pour fille une Nise dont les livres et le pédantisme ne lui plaisent guère. «Ce ne sont pas, s'écrie-t-il (III, 3), des grâces chères à un mari que les sonnets... Qu'est-ce qu'une femme a à faire de Pétrarque et Garcilaso quand elle a pour Virgile et pour Tasse filer, broder et coudre ?». Octavio ne veut pas cependant interdire «à une femme spirituelle l'inclination qui la porte vers les lettres»; mais il ne veut pas qu'on établisse chez lui une Académie. «L'opinion que j'ai toujours louée, dit-il, c'est qu'une femme de bon sens, avec un savoir ordinaire, a de l'esprit de reste» (III, 16). C'est aussi, on s'en souvient, l'opinion de Clitandre (1).

(1) Dans *los Melindres de Belisa*, don Juan, qui n'a pas d'autre

Il y a, dans *El Amor médico*, une doña Jerónima qui s'est plongée dans l'étude du latin et de la médecine et qui proteste contre la condition qu'on veut imposer aux femmes. «Ne doivent-elles donc jamais sortir de la limite étroite de l'aiguille et du coussinet?» (I, 1). Philaminte s'indigne de même contre les hommes qui veulent borner les talents féminins à des futilités (III, 2); mais c'est là le seul trait que Molière ait pu prendre dans la pièce de Tirso de Molina qui lui a été un peu plus utile pour sa satire des médecins. Je ne suis pas sûr enfin qu'il ne doive rien à la comedia pour la plaisante peinture de Bélise. M. Mesnard fait remarquer (1) qu'il y a dans le *Baron d'Albikrac* une *tante* «que Molière pourrait bien avoir imitée», mais il oublie d'ajouter que la comédie de Thomas Corneille n'est qu'une adaptation de *La tia y la sobrina* (2). Il y a aussi une Bélise dans *La discreta enamorada* de Lope. Si elle n'a pas de nièce, elle a une fille du même âge qu'Henriette, et elle n'a pas plus de peine que la sœur de Chrysale à se

trait commun avec Clitandre, fait la même distinction que lui entre le pédant et le savant (I, 18). Mais ce n'est là qu'un rapprochement fortuit.

(1) Œuvres de Molière, t. IX, p. 80.

(2) Cette comedia de Moreto (*la Tante et la Nièce*) porte aussi un autre titre: *De fuera vendrá quien de casa nos echará*.

figurer qu'elle est aimable et aimée. Après s'être crue recherchée par le capitan Bernardo, elle accepte avec une égale candeur les feintes galanteries de son fils. A supposer même que Molière ne se soit souvenu que de l'Hespérie des *Visionnaires*, il ne faut pas oublier que ce personnage est un grotesque qui semble avoir pris naissance au pays de don Quichotte. Les romans lui ont tourné la tête comme à l'immortel chevalier de la Manche.

Que conclure de ces rapprochements? Il est manifeste que dans les *Femme savantes* comme dans ses autres chefs-d'œuvre Molière a su fondre en une vivante création le souvenir de ses lectures et le résultat de ses propres observations. Mais, s'il est vrai que la valeur de l'édifice ne dépende pas seulement du génie de l'architecte, ne faut-il pas être reconnaissant à l'Espagne d'avoir fourni la plupart des matériaux étrangers qui sont entrés dans la construction de notre grande comédie?

Les comédies pour les divertissements de la cour

Les comédies écrites par Molière pour les divertissements de la cour ne sont pas sans faire songer aux *fiestas* espagnoles. Depuis le *Ballet des Muses*, Molière joue auprès de Louis XIV un rôle analogue à celui d'un Calderón auprès de Philippe IV ; il organise pour les plaisirs du roi des représentations dramatiques. Sa situation n'est pourtant pas identique. Si les spectacles de fête dans les cours de Madrid et de Paris se composent à peu près des mêmes éléments, ils ne sont point réglés de la même manière. Je crois bien que les «machines» y devaient produire des effets semblables, puisqu'elles étaient également maniées par des ingénieurs italiens. Mais ni la danse, ni la musique, ni la comédie n'y étaient distribuées selon les mêmes proportions. La *fiesta* n'est qu'assez rarement une *fiesta de zarzuela*, c'est-à-

dire que la partie lyrique est loin de lui être indispensable. La musique n'intervient nécessairement
que pour accompagner la danse qui se mêle
d'ordinaire aux *entremeses* pour remplir les
entr'actes. La comedia demeure donc à la **cour**
d'Espagne la partie essentielle, et ses sujets ne lui
sont pas rigoureusement imposés par le milieu et
les circonstances. Une *loa* (un prologue) ou un
récit mis dans la bouche d'un des personnages
suffit assez souvent à faire aux allusions galantes
la part qu'il est impossible de leur refuser. Il n'en
est plus tout à fait ainsi à la cour de France. Le
spectacle d'apparat dans lequel Louis XIV daignait
figurer lui-même est avant tout un ballet; la
comédie ne sert qu'à en remplir une entrée.
Molière est obligé, pour maintenir son crédit,
d'imaginer une forme dramatique qui puisse se
faire la servante et quelquefois l'esclave de la
danse et de la musique. Il n'est point un auteur
indépendant. Pour ne pas parler du sieur Vigarani,
il ne lui est pas loisible de renoncer à la collabo-
ration de Lully. On ne lui accorde même pas le
temps qu'il lui faudrait pour imaginer librement
et composer à sa guise. Il s'accommode cependant
des conditions qui lui sont faites et tâche d'en
tirer le plus heureux parti. Tantôt il s'efforce de

rattacher sa pièce aux entrées du ballet mythologique et de lui donner une allure qui ne produise point avec elle un brusque et fâcheux effet de surprise. Tantôt il fait réflexion qu'il joue devant un public qui l'écoute entre deux collations et qui (pour être grand seigneur on n'en est pas moins homme) ne se trouve point disposé au moindre effort intellectuel. Selon qu'il obéit davantage à la première ou à la seconde de ces préoccupations, il écrit des œuvres qui sont ou plutôt des comédies-ballets ou plutôt des comédies-farces. Dans les unes comme dans les autres, l'Espagne a fourni plus d'un thème d'intrigue et plus d'un trait plaisant. Il semble même que son romanesque et son burlesque se soient fait plus facilement une place dans un genre où il était impossible que le naturel chassât la convention.

Il n'y a pas lieu de s'attarder sur *Mélicerte* et sur la *Pastorale* qui la remplaça dans la troisième entrée du *Ballet des Muses*. Molière n'y voyait que des œuvres de circonstance qu'il a lui-même retirées à notre jugement. Il n'a pas voulu achever la première, et le peu que nous connaissons de la seconde ne nous à point été conservé par lui, mais par le livret distribué aux spectateurs. On pour-

13

rait peut-être re marquer que, sous sa forme héroïque, la pastorale de Molière nous ramène quelque quarante ans en arrière, alors que notre
théâtre, hésitant entre des formes diverses, ne
s'était point encore lassé du genre qu'avait surtout mis à la mode *La Diana* de Montemayor. Mais
si *Mélicerte* nous présente encore des amours de
bergers enrubannés qui se seraient sans doute
terminées par d'invraisemblables reconnaissances,
ce n'est point que son auteur fît sa lecture ordinaire du *Grand Cyrus* de Mlle de Scudéry. L'histoire
de Sésostris et de Timarète ne lui a paru bonne
que pour préparer un ballet d'Egyptiens. C'est
encore être naturel que de devenir faux en un
genre faux. Molière n'a nullement songé à faire
revivre des «bergeries» que la romanesque Espagne elle-même ne reprenait plus guère que pour
en tirer d'ingénieuses parodies (1). *Mélicerte* ne
fait point partie de son théâtre, mais d'un des
spectacles de la cour de Louis XIV, et, s'il est bon
de lui faire une place, c'est parmi les œuvres de
transition entre la pastorale et l'opéra.

---

(1) Cf. *La Arcadia* (la *comedia*, et non la *novela* de Lope) et, en
particulier, tout le rôle de Cardenio.

La *Pastorale comique* qui succéda à *Mélicerte* à partir du 5 janvier 1667 mérite mieux encore la même place. Nous n'avons que le canevas des scènes qui n'étaient point chantées, mais on voit bien qu'elles ne servaient que de prétexte à des danses et de libretto à la musique de Lully. Si l'on en juge par les vers qui nous restent, il semble que Molière avait cherché à égayer la fadeur des lieux communs qu'on lui imposait par une sorte de comique assez voisin du burlesque espagnol. L'invocation à Vénus (scène II) pour lui demander de répandre «deux ou trois doses» de ses charmes sur un «museau tondu tout frais» fait assez naturellement songer à la comedia ironique, puisqu'on pourrait la croire de Scarron. La cinquième scène nous montrait Lycas recevant un cartel de la part de Filène son rival. Elle était peut-être traitée dans le goût d'un *entremés* comme le *Défi de Juan Rana* (1). Quoi qu'il en soit de cette pure hypothèse, Molière savait fort bien ce qu'il faisait quand il refusait à sa *Pastorale* les honneurs de l'impression. Il était obligé de participer aux divertissements du roi, son maître ; mais il n'igno-

(1) C'est probablement dans cet *entremés* de Calderón que Scarron a pris l'idée du duel burlesque d'Alphonse et de Jodelet dans ce *Jodelet duelliste* qui n'a pas été tout à fait inutile à Molière.

rait pas plus que son Alceste qu'il ne fallait pas se laisser entraîner chez le libraire par la seule «chaleur de montrer ses ouvrages».

S'il n'a pas fait non plus imprimer les *Amants magnifiques*, et s'il n'en a donné aucune représentation au Palais-Royal, c'est qu'il n'y voyait que l'ornement accessoire d'une fête de cour. Mais cette comédie-impromptu a été entièrement écrite, et, bien qu'elle appartînt à un genre de pure convention, Molière y a mis parfois une grâce naturelle. Il a su tirer un parti délicat des suggestions qui lui sont venues d'Espagne pour l'intrigue romanesque qui lui était imposée et pour les effets comiques qu'il y a introduits. La matière qu'il a traitée n'a que des rapports purement fortuits avec le roman vécu de Mademoiselle et de Lauzun. Molière ne pouvait songer à transporter sur la scène de si dangereuses réalités. Le roi lui avait demandé de représenter deux princes rivalisant de magnificence pour conquérir le cœur d'une princesse. C'est ce maigre sujet qu'il a cherché à féconder. La comédie qu'il a imaginée sert avant tout de prétexte aux intermèdes qu'elle est chargée d'introduire. Il fallait donc, pour ne point contrarier les habitudes des machinistes, des dan-

seurs et des musiciens, qu'elle se passât dans un
cadre mythologique. Mais la délicieuse vallée de
Tempé nécessaire à la solennité des «jeux Py-
thiens» n'en voit pas moins se dérouler des scènes
qu'on avait d'abord applaudies en Espagne. La
princesse Ériphile est de la même famille que l'infante du *Cid* et la done Isabelle de *Dom Sanche
d'Aragon*. Elle aussi se sent attirée vers un jeune
héros dont l'éloigne son rang. Lorsqu'elle fait de
celui qu'elle aime l'arbitre du sort des deux princes qui la courtisent, elle nous fait assister à une
scène (III, 1) que Corneille avait déjà empruntée
au *Palacio confuso* de Lope de Vega. Le dénouement qui lui permet de n'écouter que la voix de son
cœur découle peut-être de la même source. Dans
La Arcadia (acte I, scène 17), pour favoriser l'amour
d'Anfriso, Cardenio, dont l'apparente grossièreté
se fait à la fois un jeu et un revenu de la superstition des paysans, se cache derrière la statue de
Vénus et prête à la déesse un oracle aussi menteur
que celui d'Anaxarque (I). On trouve aussi dans
cette comedia (II, 5), et plus encore dans la *novela*
qui porte le même titre et qui est également de

---

(1) Cf. *Les Amants magnifiques*, IV, 2.

Lope (1), des satires lancées contre l'astrologie. Il est possible que Molière y ait puisé l'idée de son Anaxarque, mais il n'est pas impossible non plus que cette idée lui soit venue en songeant au *Feint astrologue* que Thomas Corneille avait emprunté à Calderón. Il est juste enfin de rappeler que Clitidas est originaire d'Espagne. Ce plaisant de cour, qui est un si fin psychologue, tient à la fois du Moron de la *Princesse d'Elide* et du Tristan du *Chien du jardinier*. Il n'est point encore dépouillé de tout son burlesque, et il étale volontiers une poltronnerie dont il semble qu'il aurait pu se passer. Mais s'il descend d'un *gracioso*, il use de sa familiarité avec les grands non point en bouffon, mais, comme on disait dans sa nouvelle patrie, en «honnête homme» Il ne joue pas sur les mots et ne se plaît point aux contes drolatiques. C'est avec autant de discrétion que de bienveillante ironie qu'il lit dans le cœur d'Eriphile comme dans celui de Sostrate (2). Il est plus qu'un valet,

---

(1) Cf. tout ce qui est dit du livre *de Suertes* dans la cinquième partie de cette *novela*. Quevedo a aussi lancé contre les astrologues des railleries qui font songer à celles que s'attire Anaxarque. Cf. le sonnet 19 dans *Thalia* (Collection Rivadeneyra, t. LXIX, p. 434) et la «trulla de astrólogos» qui intervient dans *Las zahurdas de Pluton* (même Collection, t. XXIII, p. 319).

(2) Si la finesse de Clitidas n'appartient qu'à lui seul, il lui arrive une ou deux fois de se souvenir d'une malice déjà employée.

il est un confident de bonne comédie. Ériphile n'est pas moins originale. Sans doute elle rappelle parfois la Diana de Lope dans *El perro del hortelano* et la Diana de Moreto dans *El desden con el desden*. Son orgueil s'offense de l'aveu d'un amour qu'elle ne peut encourager et qu'elle ne veut pas perdre; mais, dans l'expression de ce *pundonor*, elle ne montre aucune raideur castillane, et sa coquetterie innocente met à cacher les troubles de son cœur une grâce si française qu'elle a fait songer à un marivaudage avant Marivaux. Molière a donc mis sa marque personnelle à une comédie où il n'avait cherché, suivant les expressions d'Aristione, qu'à «enchaîner les divertissements les uns aux autres». Ce n'est point mettre en doute, c'est bien plutôt mettre en lumière le travail créateur de son imagination que de découvrir à quelques-uns des éléments dont elle s'est servie une origine espagnole.

On retrouve des matériaux de cette provenance dans les comédies de cour où Molière ne se croit

Lorsque, sous prétexte de deviner le nom de celle qu'aime Sostrate, Clitidas l'épelle lettre par lettre (I, I), il reprend un procédé semblable à celui d'Anarda pour révéler l'objet de son amour (Cf. *La Arcadia*, acte I, scène 4).

point obligé de traiter un sujet en relation étroite avec le divertissement musical et chorégraphique, et où il se contente d'un lien plus lâche pour rattacher sa pièce aux scènes lyriques et aux entrées de ballet. Il semble même que la plaisanterie y prenne parfois une liberté qui la rapproche plus directement des bouffonneries de la comedia ironique. Il faut cependant faire une exception pour *George Dandin*. M. Fournel (1) prétend que le sujet «n'est rien autre, au fond», que celui du *Jaloux invisible*. S'il en était ainsi, on pourrait le faire venir d'Espagne, puisque dans son *Avis justificatif* Brécourt prétend avoir suivi fidèlement une *novela* intitulée : *El zeloso engañado*. Mais ni l'intrigue du *Jaloux invisible* ni le caractère de son héros ne font songer à *George Dandin*. Les stratagèmes de Marin, ses fantômes et son bonnet magique sont, pour parler comme l'auteur, «un peu bizarres, et vont même jusqu'à l'extravagance» (2). Quant à Carizel, il diffère du «mari confondu» en plusieurs manières dont la plus importante est qu'il ne s'aperçoit point qu'on

____

(1) *Les Contemporains de Molière*, t. I, p. 482.

(2) Ce sont les termes dont se sert Brécourt dans son *Avis justificatif*, et il ajoute, parlant toujours de son sujet: «Je ne puis m'en justifier que par la fidelle traduction que j'en ay faite».

le trompe et qu'il guérit de sa maladie comme le plus sot des benêts. Il y a dans *George Dandin* une comédie et une farce. L'idée de la comédie se rencontrait dans le Décaméron (1), mais il n'y a rien d'emprunté dans les couleurs si naturelles avec lesquelles furent peints le caractère du roturier qui a voulu «s'allier au-dessus de sa condition» et l'humeur des nobles campagnards qui lui ont fait l'honneur de l'accepter pour gendre. La farce qui amène le dénouement se rattache-t-elle à une fable de l'Inde ou à un conte de notre Occident? Il n'est pas douteux en tout cas que Molière, lorsqu'il s'en est servi, n'a pas remonté au delà de Boccace, si tant est qu'il ne se soit pas seulement souvenu de la *Jalousie du Barbouillé* et de la *commedia dell' arte*. *George Dandin* ne semble avoir contracté de dette qu'au delà des Alpes. Mais, s'il est vrai que l'Italie ne lui a guère fourni que le moyen de donner au gros rire gaulois une plus élégante perversité, ne laisse-t-elle pas regretter les inspirations que Molière savait tirer de l'Espagne?

Il y a dans *Monsieur de Pourceaugnac* deux per-

____

(1) Cf. la huitième nouvelle de la septième journée.

sonnages qui semblent avoir pris naissance au delà des Alpes. C'est peut-être Nérine et c'est surtout Sbrigani (1). Ils sont beaucoup moins l'un et l'autre des héros picaresques que des intrigants à l'italienne ; mais les stratagèmes auxquels ils ont recours ne viennent point du pays où ils sont nés. La fausse Languedocienne et la feinte Picarde qui jettent le gentilhomme Limousin en un profond ahurissement parlent un langage que Molière n'a point appris dans les livres, mais dans ses pérégrinations à travers les provinces. Malgré les *piglia-lo sù* qui l'accompagnent, le clystère si bénin qu'on veut imposer à Léonard de Pourceaugnac ne fut point préparé en Italie. On pourrait se demander s'il ne vient pas d'Espagne. L'Isabel de Benavente a recours à cette arme dans l'*entremes* qui nous peint ses plaisanteries ou, pour employer le terme espagnol que la France d'alors n'ignorait pas, ses bourles» (2). C'est là d'ailleurs une de ces «bonnes farces» dont on ne s'est pas moins égayé au delà qu'en deçà des Pyrénées.

(1) La scène où ces deux coquins se félicitent réciproquement de leurs exploits a fait songer à un dialogue d'esclaves dans l'*Asinaire* de Plaute (III, 2). Mais ces types de valets qui vivent d'industrie ne se rattachent à la comédie ancienne que par l'intermédiaire du théâtre italien.

(2) L'*entremes* de Benavente est intitulé : *Las burlas de Isabel.*

Dans les *Aventuras del bachiller Trapaza* (1) on inflige à une vieille duègne qui «fait des manières» ce que l'Espagnol appelle assez joliment une aide à la nature, une *ayuda*, et vingt couplets sont consacrés au récit burlesque de cet événement intime. Il est inutile de multiplier les exemples de ce goût aussi espagnol que gaulois pour des plaisanteries qui manquent de délicatesse, si elles ne manquent pas de fondement. Molière ne s'est probablement souvenu que du conte de d'Ouville intitulé : «D'un à qui l'on fit donner un lavement par force» (2) et du mauvais tour joué à Guillot par le comte de Plume Seiche (3). Dans l'intermède où l'on cherche à prendre M de Pourceaugnac par les sentiments, mais non point par le devant, les seuls figurants qui viennent d'Espagne sont les Matassins dont l'épée ordinaire fait place pour la circonstance à l'instrument chanté par Trapaza (4).

(1) Cette *novela* de Solórzano, qui est la première partie de la fameuse *Garduña de Sevilla* traduite par d'Ouville, a paru à Valencia en 1634. *La Enciclopedia moderna* vient d'en donner une réimpression (Madrid, 1905).

(2) Cf. *L'Élite des Contes* du sieur d'Ouville (p. 51 de l'édition P. Ristelhuber, Paris, 1876).

(3) Cf. la scène 6 de *la Désolation des filoux* de Chevalier. M. Fournel l'a donnée dans ses *Contemporains de Molière*, t. III, p. 183.

(4) Cf. (pages 178 à 180 de l'édition de Madrid 1905) dans les

C'est une idée d'un comique plus relevé que Molière a trouvée dans une nouvelle espagnole traduite en 1670 par Boursault sous le titre: *Ne pas croire ce qu'on voit*. Je n'ai malheureusement pas pu découvrir l'original, mais je ne doute nullement de son existence. Les deux valets qui apprennent à Eraste le moyen de se faire reconnaître de M. de Pourceaugnac qui ne l'a jamais vu (I, 4) portent des noms significatifs. Boursault ne les a certainement pas appelés Ordogno (*Orduño*) et Mandoce (*Mendoza*) pour donner une couleur étrangère à une histoire qu'il aurait été trop heureux d'avoir inventée (1). Cette hypothèse n'est conforme ni

Aventuras del bachiller Trapaza les diverses métaphores qui servent à désigner le «canon luisant» que vous savez.

(1) Voici dans *Ne pas croire ce qu'on voit* (Livre premier, pages 105-108 Paris, 1670) le passage qui semble avoir inspiré à Molière la quatrième scène du premier acte de *M. de Pourceaugnac*: «Le valet du jaloux dom Diègue nommé Ordogno (qui passa auprès de lui le valet Mandoce) fit semblant d'avoir une idée confuse de sa personne et commença de l'appeler Païs, quoyqu'il ne l'eût jamais veu que cette fois-là. — Je ne sçay, luy dit Mandoce, si je suis de vostre païs ou non, mais j'ay bien de la peine à vous reconnoistre. — Vous, de la peine à me reconnoistre, bon Dieu! répondit l'artificieux Ordogno: je n'en crois rien: vous n'oubliez pas vos amis si facilement; et je vois bien que présentement vous commencez à me remettre. — Je voudrois bien, dit Mandoce, que vous me donnassiez quelques enseignes pour me rafraîchir un peu la mémoire touchant nostre connoissance, car plus je vous regarde, moins je me souviens de vous avoir veu. — S'il ne tient qu'à cela, répliqua le perfide Ordogno, vous m'allez connoistre à la moindre chose que je vous diray. De quel païs estes-vous? — Aragonois, répondit

au caractère du personnage ni aux mœurs du temps. Il est encore moins vraisemblable que Boursault ait emprunté à une comédie dont le succès à la ville n'était pas épuisé une scène qu'il n'aurait eu aucun intérêt à ajouter à son «histoire espagnole» (1), si elle ne s'y était point rencontrée, puisque personne ne la lui aurait attribuée.

Mandoce. — Justement, reprit le fripon d'Ordogno : Voyez ce que c'est que d'estre quelque temps sans se voir : je l'avois déjà oublié. Et vostre nom est? poursuivit le traistre. — Mandoce, répartit bonnement celuy qui avoit ce nom-là. — Quoy, mon cher Mandoce ! interrompit au plus viste le cauteleux Ordogno : celuy avec qui j'ay tant de fois... Il ne faut pas nous séparer sans renouer nostre vieille connoissance: je prétens vous regaler, pendant je que vous tiens; et je ne veux pas qu'il soit dit que deux amis qui avoient tant d'envie de se revoir se soient rencontrez pour se faire simplement la révérence».

(1) C'est Boursault lui-même qui a ajouté ce sous-titre à : *Ne pas croire ce qu'on voit*. Il est vrai qu'il nous avertit dans sa dédicace à M. Pidou que sa traduction n'est pas très fidèle; cela veut dire simplement qu'elle n'est pas littérale et que, comme il l'avoue lui-même, il n'a «point fait de difficulté de sauter» tout ce qu'il n'entendait pas. Quand on a lu la plupart des adaptations de romans espagnols que leurs auteurs déclaraient alors originales, on est fixé sur la prétendue liberté de leur imitation. Le seul d'entre eux qui eût quelque imagination, Scarron, a donné parfois quelques détails de son cru, mais il est fort rare qu'il invente une scène.

On lit dans la dédicace de Boursault : «Je n'ose vous dire où j'ai pris ce que je vous présente, de peur que l'original ne vous fasse avoir du dégoût pour la copie: pour tâcher de vous mener en pays perdu j'en ai même déguisé le titre». Ce déguisement n'empêche pas qu'on ne reconnaisse dans *Ne pas croire ce qu'on voit* une de ces intrigues compliquées dans lesquelles se complaisent également la comedia et la *novela*. Les thèmes principaux qui y sont employés sont analogues à ceux de la comedia de Lope *Amar sin saber a quien*

Je ne suis pas du tout aussi bien convaincu que Molière ait remonté à l'original de ce *Marquis ridicule* (1) d'où vient l'une des ruses les plus bouffonnes mises en œuvre contre Léonard de Pourceaugnac, l'accusation d'avoir abandonné avec de petits enfants une femme séduite par lui. Je n'hésite pourtant pas à dire que notre gentilhomme limousin a de la famille au delà des Pyrénées. Parmi ses cousins, il en est que Thomas Corneille et Scarron avaient déjà présentés à Paris et qui y avaient remporté, malgré la saveur étrange de leur langage, un succès retentissant. Ces «figures» empruntées à Rojas ou à Solórzano s'appellent dom Bertrand de Cigarral, dom Japhet d'Arménie, dom Pedro de Buffalos et dom Blaise Pol, marquis de la Victoire. Tous ces fantoches, également ridicules pour leurs grossières préciosités et leurs inepties lourdes, étaient également en butte aux batteries dressées contre leurs entreprises amou-

---

et des deux *novelas* suivantes de Solórzano: *Los efectos que hace Amor* et *Amor con Amor se paga* (dans *Los Alivios de Casandra*, Barcelona, 1640).

(1) Dans *Le Marquis ridicule ou la Comtesse faite à la hâte* (1655), Scarron nous présente une de ces aventurières dont la *novela* et la *comedia* du XVIIe siècle nous ont donné tant d'exemplaires. Cette Stéphanie se jette à la tête de dom Blaise Pol en prétendant qu'il lui a fait deux enfants.

reuses. L'Espagne avait essayé de donner à ce type de fantaisie un peu de couleur locale. La *novela* et la *comedia* n'en avaient pas seulement fait une caricature du cultisme ; elles l'avaient aussi représenté comme le Béotien espagnol, le «*Mon-tañés*», l'homme de la montagne, et elles l'avaient peint sous les mêmes traits que la victime de Nérine et de Sbrigani, à la fois grossier, jaloux et démodé. Tel est, par exemple, don Lorenzo de Santillana dans *El celoso hasta morir* (Le jaloux à en crever) (1). Tel est aussi don Toribio Cuadradillos dans *Guardate del agua mansa* (Méfie-toi de l'eau qui dort) (2). Ce «neveu Asturien» pourrait bien être

(1) C'est la huitième des *Novelas amorosas de los mejores ingenios de España* (Zaragoza, 1648). Les quatre premières *novelas* sont attribuées à Lope dans la dédicace de ce recueil.

(2) Cette comedia de Calderón fait parfois songer à Molière. Don Alonso (I, 5) s'indigne, à la manière de Chrysale, contre sa fille qui fait des vers. Don Felix commence par s'exprimer comme dom Juan (I, 7). Eugenia réclame sur le ton de l'Ariste de l'*École des Maris* le droit pour la jeune fille à une honnête liberté (I, 11). Elle fait auprès de don Toribio (II, 14) la même démarche qu'Henriette auprès de Trissotin (*Les Femmes savantes*, V, 1). Elle a enfin avec sa sœur Clara un court entretien (II, 18) qui n'est pas sans rappeler le dialogue de Célimène et d'Arsinoé (*Le Misanthrope*, III, 5). C'est Clara qui tient le rôle de la prude et, quand Eugenia lui parle de l'amour que sa personne inspire même aux sots, elle lui réplique que, si elle ne se vante pas de «ce nombre d'amants», c'est que tout le monde la regarde avec respect et qu'on la voit incorruptible, tandis qu'on voit sa sœur... elle ne veut pas dire comment. Tous ces rapprochements me paraissent fortuits ; je ne les ai faits que pour montrer une fois de plus que les scènes de la comedia ne sont pas toujours aussi éloignées qu'on veut bien le dire des situations peintes par notre comédie classique.

l'un des oncles de notre Léonard. Mari-Nuño semble indiquer déjà le nom sous lequel il entrera dans l'immortalité. «Ce n'est pas un galant, dit-elle, c'est un pourceau» (I, 15). La carrière de ce personnage se poursuivra sur la scène espagnole jusqu'à la fin du XVIIe siècle, et don Lain sera loin d'en marquer la dernière étape dans la pièce qui porte comme sous-titre : *El Asturiano en la corte* (L'Asturien à Madrid) (1). Ce grotesque espagnol ne pouvait avoir à Paris un succès durable qu'à la condition d'être débarbouillé et habillé à la française. C'est le service que commencent à lui rendre Gillet de la Tessonnerie dans son *Gentilhomme campagnard* et Poisson dans son *Baron de la Crasse* (2). Molière seul en a fait un homme de condition qui sent tellement sa province qu'il n'a plus la moindre odeur du terroir étranger où naquirent quelques-uns de ses ancêtres.

Lorsque M. de Pourceaugnac se travestit, pour échapper à la justice, en femme de condition (III, 2), il ne voit pas de meilleur moyen de prendre le

----

(1) Voici le titre complet de cette comedia de Cañizarés: *De los hechizos de Amor, la música es el mayor, y el Asturiano en la Corte.*

(2) On trouvera ces deux comédies dans les tomes I et III des *Contemporains de Molière* de M. Fournel.

langage et les manières d'une personne de qualité que de gourmander et menacer ses laquais. La comtesse d'Escarbagnas n'agit pas autrement pour faire voir qu'elle a «été deux mois à Paris, et vu toute la cour». Elle appartient, elle aussi, à cette famille de grotesques qui étaient venus d'Espagne sur notre scène, et elle a pris, elle aussi, un visage plus humain dans le rapide portrait que Molière en a tracé. Elle n'est plus de Limoges, elle est d'Angoulême ; mais c'est par le même procédé qu'au lieu de demeurer une caricature sans vie elle a fourni la matière d'une juste et plaisante satire de mœurs. Celui qu'elle finira par épouser, le conseiller Tibaudier, montre dans l'expression de sa galanterie une recherche burlesque que n'auraient point désavouée les héros bafoués par Rojas et par Scarron. On ne peut cependant méconnaître que ce juge devant lequel «bon droit a besoin d'aide» et qui «a lu les auteurs» est peint avec des traits d'une incontestable couleur locale. Quant au vicomte, il lui suffira d'un voyage à la cour pour avoir l'esprit tout à fait parisien. Les vers qu'il a écrits pour Julie et où il meurt si galamment «et de la feinte et de la vérité» rappellent sans doute les sonnets que la comedia réserve presque toujours aux gongorismes de ses amoureux, mais il est le

premier à s'en moquer. Il est possible qu'on trouve
un jour dans quelque *entremes* une ou deux indications dont Molière ait tiré parti. Il est certain que
le théâtre espagnol a demandé une des sources les
plus abondantes de son comique à la plaisante
opposition des usages de la province et des manières de la cour. Mais chez Molière la *corte* est
Paris et non pas Madrid ; et l'on ne reconnaît
l'*aldea* pas plus à Angoulême qu'à Limoges.

Bien qu'elle n'ait pas été faite pour les divertissements de la cour, c'est aussi une comédie-farce
que les *Fourberies de Scapin*. Molière n'en a écrit
aucune qui fût moins à l'espagnole. Je veux bien
que le dénouement ait un caractère romanesque
dans le goût de plus d'une comedia. Je ne désespère pas non plus de rencontrer au delà des Pyrénées l'original des scènes qui furent empruntées
au *Pédant joué*. Cyrano de Bergerac, qui lisait
volontiers Quevedo et les livres espagnols, a pu
mettre à contribution d'autres *entremeses* que celui
qui lui a fourni l'idée de son dernier acte (1). Quoi

____

(1) Les *Lettres satiriques* de Cyrano nous montrent qu'il
connaissait bien l'auteur des *Letrillas*, des *Sueños* et du *Buscon*.
Quant à son *Pédant joué*, il semble bien que le dénouement en
vienne de l'*entremes* de Lope intitulé : *El Robo de Elena*.

qu'on puisse découvrir, les *Fourberies de Scapin*
n'en resteront pas moins à l'italienne. Le *Phormion*
de Térence combiné avec des canevas comme ceux
de Flaminio Scala et avec des scènes de Luigi Groto
ou de Girolamo Razzi suffit parfaitement à expliquer les origines d'une œuvre que fait seul valoir
le génie comique de son auteur. Dans ces intrigues
où des valets sans scrupule s'ingénient à favoriser
les amours de leurs jeunes maîtres aux dépens de
la bourse de vieillards avares, l'Espagne n'a aucune
part à revendiquer. On reconnaîtra sans doute
qu'il n'y a pas lieu de le regretter pour elle. Malgré
la gaîté franche qui anime les *Fourberies de Scapin*,
on ne peut s'empêcher d'en trouver les aventures
bien «extraordinaires» (1) et les personnages vieil-
lis et conventionnels. Les types qu'on appelait à
Madrid des *figurones* n'étaient point coulés dans
le moule usé des esclaves de la comédie ancienne.
Si, à mesure qu'on les peignait, on en faussait les
traits à force de les grossir, on voyait encore sur
leur visage la marque du travers réel qu'on avait
voulu mettre en lumière et en ridicule. Malgré les
efforts des Italiens pour la prolonger en la locali-
sant, la postérité des Dave et des Géta ne pouvait

(1) C'est le mot dont se sert Hyacinthe dans la pièce.

donner que des rejetons épuisés. Il y avait plus de vitalité chez les ancêtres espagnols de Monsieur de Pourceaugnac et de la comtesse d'Escarbagnas. Ils étaient demeurés dans le théâtre de Scarron et de Thomas Corneille des grotesques étrangers; mais, s'ils n'étaient pas faits pour vivre à Paris, on pouvait essayer de les acclimater à la province française. Que Molière seul y ait réussi, c'est la meilleure marque de son originalité. Mais que le gentilhomme limousin soit autrement savoureux que Scapin, c'est aussi la preuve que, même pour les comédies-farces, il y avait un plus heureux parti à tirer du théâtre espagnol que de l'italien. La comedia héroïque avait mis Molière sur la voie de la grande comédie. La comedia ironique semble le pousser non point vers le burlesque à la Scarron, mais vers une sorte de comédie de mœurs d'une plus naturelle bouffonnerie. Si le rire qu'elle soulève n'est pas sans être énorme, il ne va pas beaucoup plus contre la vraisemblance que les plaisanteries de Scapin, et il est certainement moins sot que le sourire pervers qui, dans une ou deux scènes de *George Dandin*, était venu de l'Italie.

La satire des médecins

La satire des médecins occupe une place excep-
tionnelle dans le théâtre de Molière. Sans parler
des plaisanteries et des scènes isolées où elle trouve
le moyen de se glisser, et sans rappeler la consultation de *Monsieur de Pourceaugnac* où elle se fait
une si large part, il suffit, pour se rendre compte
de son importance, de faire réflexion que trois
comédies lui sont presque entièrement consacrées :
L'*Amour médecin*, le *Médecin malgré lui* et le
Malade imaginaire. «Que voulez-vous, s'écrie
Béralde (1), que Molière mette sur son théâtre que
les diverses professions des hommes?» Mais pourquoi, parmi ces diverses professions, revenir si
souvent, pour la bafouer, à celle du médecin? On
en a donné des raisons qui sont loin d'être mauvaises. Il est certain que les disciples d'Hippocrate et de Galien avaient au XVIIe siècle trop

(1) *Le Malade imaginaire*, III, 3.

copieusement usé des cholagogues et mélanogo-
gues et du prélude ordinaire à ces «judicieux remèdes» pour qu'on ne se «désopilât» point à leurs
dépens «le *parenchyme splénique*, c'est-à-dire la
rate». Le rire était après tout la seule arme à opposer à celle qui tirait tant de sang de la veine basi-
lique ou de la céphalique. Molière était d'autant
plus porté à s'en servir qu'il savait ces sortes de
plaisanteries d'un succès certain, et qui n'est pas
près d'être épuisé. Il y était d'ailleurs entraîné par
sa conception de la comédie et par son propre
tempérament. Il voyait dans le malade, réel ou
imaginaire, le meilleur des sujets pour l'observation de l'égoïsme, de la crédulité et de plusieurs
autres travers de l'homme, et, n'ayant lui-même
«de la force que pour porter son mal», il connaissait mieux qu'un autre la vanité des remèdes. Toutes ces raisons suffisent-elles à expliquer le rôle
et le caractère qu'il a donnés dans son théâtre à la
médecine et aux médecins? Oui, si l'on veut; mais
il ne me paraît pas inutile d'y ajouter les ressources précieuses que pour cette satire l'Espagne lui
a fournies. Molière était un «grand profiteur».
Parmi les défauts que les hommes de son siècle lui
procuraient l'occasion de tourner en ridicule, il
ne dédaignait point ceux dont les peintures de ses

devanciers lui assuraient le caractère général. Je consens, par exemple, que la consultation de l'*Amour médecin* représente des personnes de la cour de Louis XIV, encore qu'on ne soit pas toujours d'accord sur leurs noms. Mais comment soutenir qu'elle n'est qu'une fidèle image du milieu contemporain, puisqu'on en trouve l'idée et le plan dans une scène de Tirso de Molina? La satire des médecins n'a pas été inspirée à Molière par ses seules observations; elle n'en a pas moins pris dans son théâtre une allure qui n'a rien d'emprunté. Si la plupart des traits qu'elle a maniés avaient été d'abord essayés en Espagne, c'est précisément la meilleure preuve de son originale vigueur qu'elle ait seule réussi à les lancer jusqu'au but.

On pourrait d'abord se demander s'il ne serait pas plus juste de chercher en Italie la première ébauche de la peinture plaisante que Molière a faite de la médecine. Si le *Médecin volant* est du même auteur que l'*Amour médecin* et le *Médecin malgré lui*, n'est-il pas vrai que par le premier les deux derniers se rattachent à la famille du *Medico volante* de Dominique? Mais qu'y a-t-il d'italien dans ce canevas? C'est l'agilité de Sganarelle sautant par la fenêtre pour se transformer rapidement de valet en médecin ou de médecin en valet; et

c'est à peu près tout. L'intrigue qui permet à
Valère de se rapprocher de Lucile n'a point été
imaginée au delà des Alpes, puisqu'elle y a été
apportée avec *El Acero de Madrid* de Lope de
Vega. Je ne vois guère qu'un détail piquant que
Molière ait emprunté à l'ébauche qu'on lui attribue. Lorsque dans l'*Amour médecin* (III, 5), Clitandre tâte le pouls à Sganarelle, et lui déclare
que sa fille est malade : «Vous connaissez cela
ici ?», s'écrie Sganarelle justement étonné. — «Oui,
dit gravement le médecin improvisé, par la sympathie qu'il y a entre le père et la fille». C'est une
réponse analogue que recevait Sabine dans le
Médecin volant (1). Faut-il y voir une plaisanterie
à l'italienne? C'est bien plutôt une boutade de
gracioso ; c'est la réplique du valet Lorenzo qui,
sous les habits du docteur Borrego son maître,
ordonne de tirer du sang à une jeune fille et ne
voit aucun mal à ce que les membres de sa famille
lui en prêtent «puisqu'ils sont du même sang» (2).

---

(1) Cf. scène 4. — Sganarelle, le valet travesti en médecin, tâte le
pouls à Gorgibus. «Eh, lui dit Sabine, ce n'est pas lui qui est malade,
c'est sa fille». — «Il n'importe, répond Sganarelle; le sang du père
et de la fille ne sont qu'une même chose; et par l'altération de celui
du père, je puis connaître la maladie de la fille».

(2) Cf. l'*entremes* intitulé: *Le docteur Borrego* et traduit par
M. Rouanet qui a fait ce rapprochement. On pourrait aussi songer
à un mot de Teodora dans *El Acero de Madrid* (II, 6). Prudencio

Les lazzi chers à la comédie italienne ne pouvaient être, à qui voulait peindre au naturel le médecin et le malade, que d'un secours médiocre et dangereux. La matière fournie par l'Espagne était bien autrement «louable».

Je n'ai point à rappeler les raisons politiques et sociales qui expliquent la diffusion, on peut même dire le débordement de la satire dans la littérature espagnole pendant la première moitié du XVIIe siècle. Je n'ai pas davantage à citer tous les ouvrages où furent alors pris à partie ceux qui faisaient profession de guérir leurs semblables. Il y faudrait une interminable bibliographie. Il suffira sans doute de faire voir qu'à Madrid la satire des médecins s'est introduite à peu près dans tous les genres littéraires et que lecteurs et spectateurs s'y sont réjouis de plaisanteries qui, à une place plus heureuse, divertirent ensuite le public parisien de Molière. Il convient d'abord sur ce point d'accorder un rang d'honneur à un illustre écrivain qui a été de bonne heure connu et traduit en France. S'il a épargné les pauvres et les soldats, Quevedo n'a pas lancé en vers ou en prose moins de sarcas-

lui demande comment il se fait que le mal de sa nièce Belisa soit devenu le sien. «Si notre sang est le même, réplique Teodora, faut-il beaucoup s'étonner qu'à me promener avec elle j'aie pris son mal?»

mes contre les médecins que contre les femmes
ou les gens de justice. Tantôt il adresse une lettre
à un docteur qu'il appelle Hérode parce qu'il ne
fait pas périr moins d'enfants que le tyran de
Judée (1). Tantôt il écrit l'épitaphe d'un homme
qui a appris à tuer à la mort elle-même (2). D'autres fois, il nous rapporte la «conversation des
trois mules de trois médecins avec le bidet d'un
barbier» (3). Et nous apprenons de la première que
l'office de son maître est un office de défunts. La
seconde appartient à un docteur qui, pour l'usage
diabolique qu'il fait des purgations, est appelé
Vaderetro. Le troisième médecin, si nous en croyons
sa mule, se fait réveiller de nuit par son domestique pour faire croire à tout le quartier que divers
marquis le réclament. L'art de ces pourvoyeurs de
cimetière est facile à apprendre. «Qu'est-ce que la
médecine? Saigner la veille, purger le lendemain»
(4). Voilà la définition qu'en donne Bras Mojon à qui
il a suffi de prendre la robe et le bonnet pour attirer la clientèle. Juana vient lui parler de son mari
qui souffre le martyre. — «Voilà qui va bien»,

____

(1) OEuvres de Quevedo, édition Rivadeneyra, t. III, p. 178.
(2) T. III, p. 177.
(3) T. III, p. 196.
(4) T. III, p. 518.

répond Bras Mojon. C'est le même mot qu'il répète à Guiteria quand elle lui peint ses souffrances. On croirait entendre Sganarelle répliquant à Géronte qui déclare fort grandes les douleurs de sa fille: «C'est fort bien fait» (1). Dans ces *Songes* que Cyrano de Bergerac prenait tant de plaisir à lire (2), les médecins ne sont pas mieux traités. Ce sont eux qui marquent avec les apothicaires la route des enfers. Les pharmacies sont les salles d'armes des docteurs. Ne faut-il pas des canons pour les clystères et n'y a-t-il pas une étrange relation verbale entre la purgation et le purgatoire où les médecins sont les diables dont la seule fonction est de mettre à mal ceux qui sont bien, sans jamais mettre à bien ceux qui sont mal? L'entrée des docteurs et de leur suite dans *La Visita de los chistes* est une procession burlesque où les apothicaires avec leur arme en arrêt semblent viser quelque Pourceaugnac espagnol Les intermèdes imaginés par Molière relèvent du même ordre de plaisanteries.

La *novela* espagnole a trouvé plus d'une fois l'occasion d'égratigner en passant la médecine et

(1) *Le Médecin malgré lui*, II, 4.
(2) Cf. dans ses *Lettres satiriques* celle qui a pour titre: *Un songe*.

les médecins. Dans *La Casa del placer honesto* (1), dans cette demeure où ne pénètrent que les hommes sans souci, on accepte les médecins «parce qu'ils sont si loin d'avoir des ennuis que leur plaisir se fonde sur les ennuis d'autrui». Le licencié Vidriera, qui a peut-être suggéré à Molière la scène du sonnet d'Oronte, fait ressortir plus joliment encore les avantages de cette merveilleuse profession. Tandis que le juge, l'avocat et le marchand ne nous peuvent causer aucun tort mortel, «seuls les médecins nous peuvent tuer et nous tuent sans crainte et d'un pied tranquille, sans dégainer d'autre épée que celle d'un *recipe;* et il n'y a pas moyen de découvrir leurs délits parce qu'à l'instant même ils les enferment sous la terre». Sganarelle n'oubliera pas cette boutade de Cervantes lorsque dans le *Médecin malgré lui* (III, 1) il vantera à Léandre le métier que quelques coups de bâton lui ont appris (2).

La satire des médecins ne se présente d'ordi-

---

(1) Cf. *Casa del placer honesto* par Alonso Jerónimo de Salas Barbadillo. Madrid, 1620.

(2) «Un cordonnier, en faisant des souliers, ne saurait gâter un morceau de cuir qu'il n'en paye les pots cassés; mais ici l'on peut gâter un homme sans qu'il en coûte rien... Enfin le bon de cette profession est qu'il y a parmi les morts une honnêteté, une discrétion la plus grande du monde; et jamais on n'en voit se plaindre du médecin qui l'a tué».

naire dans la *novela* que sous la forme de railleries isolées. Elle prend au contraire dans le *baile*
et dans l'*entremes* une importance et un développement qui la rapprochent davantage des comédies de Molière. Le *baile del doctor*, attribué dans
un manuscrit de la Bibliothèque Nationale de
Madrid soit à Moreto, soit à Calderón, nous présente un alcalde qui s'est fait médecin. C'était
jadis par la faute d'autrui qu'il condamnait à mort
en rendant une sentence; c'est aujourd'hui par sa
propre faute que sans la moindre sentence il
inflige le même châtiment. Il est comme le chas-
seur qui vit de ce qu'il tue. Pour les malades qu'on
lui présente il n'a que deux remèdes: la saignée
et la purgation. Ce sont aussi les seuls qu'applique sans exception le valet du *Docteur Borrego*.
Ce Lorenzo qui, comme Sganarelle, n'a eu besoin
pour devenir médecin que de prendre une conte-
nance grave et de mettre la robe et le bonnet
traditionnels, y ajoute pourtant une ordonnance
bouffonne qui n'est pas beaucoup plus indigeste
que la fameuse «quantité de pain trempé dans du
vin» (1). Il sait aussi, comme le mari de Martine,

(1) «Vous mettrez sur un bon feu deux marmites, avec quantité
d'eau. Aller au marché, acheter un lévrier, un lièvre, et dès que
vous les aurez, crac! introduire chacun d'eux dans l'une des marmites,

tendre la main pour recevoir l'argent. Toinette travestie en médecin conseille à Argan de se faire crever l'œil droit pour y voir plus clair du gauche (1). Lorenzo est plus radical. A un homme qui souffre d'une fluxion, il propose d'arracher les yeux tout douillettement pour les remettre en place après avoir nettoyé les orbites avec un mouchoir fin. Qu'importe, dit-il, que le malade reste aveugle, s'il est guéri de sa fluxion ? Voilà un valet qui ne tardera pas à faire, autant que son maître, augmenter le prix des sépultures (2).

Il a, dans l'*entremes*, un rival qui mêle de manière plus savoureuse la niaiserie et la malice. C'est le fameux Juan Rana créé par le comédien Cosme Perez. Dans le *Guérisseur* il part à cheval sur un bâton pour le pays «où les puces engraissent et où pâtissent les études». Il vend ses remèdes

séparément. Lorsqu'ils auront bouilli, donner à la malade dans une première écuelle du bouillon de lièvre, et dans une autre du bouillon de lévrier. Ce lièvre prend sa course, et le lévrier de courir à sa poursuite. Si bien qu'en peu de temps sortent, avec le lièvre et le lévrier, jusqu'aux moindres excréments qu'il pouvait y avoir dans l'estomac». (Traduction de M. Rouanet).

(1) *Le Malade imaginaire*, III, 10.

(2) Le docteur Borrego s'exprime parfois dans un charabia qui fait songer aux raisonnements des médecins de Molière. «De tels excès, s'écrie-t-il, ne tardent pas à engendrer certaines humeurs crasses (comme disent Galien et les auteurs cités dans ses Œuvres) parce que la bile triomphe de la pituite; et l'on meurt suffoqué par le feu de l'estomac».

à la grosse, et vraiment il ne fait pas payer trop cher des boutades où se cache une vérité piquante. Il a d'ailleurs trouvé le moyen employé par Molière et préconisé par Béralde pour n'être pas tué par un médecin, et c'est, comme vous le savez, de n'en consulter aucun (1). Un autre *entremes* qui raille sa gloutonnerie (2) nous le peint sous des traits qui font songer au *Malade imaginaire*. Le docteur lui persuade que l'hypocondrie se lit sur son visage, et, comme Toinette à son maître, il lui découvre que son mal est dans les poumons. Juan Rana ne tarde pas à se convaincre qu'il est mourant, et bien décidé à avoir, s'il importe à sa guérison, la patience de Job, il pousse un cri qu'Argan n'aurait pas désavoué : «Ma santé avant tout !» (3).

L'*entremes* ne s'est pas contenté de peindre le

(1 Cf. *El remediador* de Benavente. Une femme demande à Juan Rana: «Que faire pour qu'un médecin ne tue pas son malade?» — Réponse: «Voulez-vous qu'il ne le tue pas? Ne le lui donnez pas à soigner».

(2) *Juan Rana comilon.*

(3) On se souvient qu'Argan se laisse persuader sans peine qu'il a le poumon malade parce qu'il a bon appétit à ce qu'il mange, qu'il aime à boire un peu de vin et qu'il lui prend un petit sommeil après le repas. Juan Rana déjeune de quelques bonnes tranches de jambon arrosées d'environ deux litres de vin. Après avoir dîné de fort bon appétit, il s'endort. «Comme vous le voyez, ajoute-t-il, je suis sans doute mourant».

médecin à l'état isolé ; il l'a représenté plus d'une fois dans ses rapports avec ses confrères. Dans *La Junta de los médicos*, Alberto, qui veut se venger du docteur Carrazo, le fait appeler en consultation avec un chirurgien et avec le docteur Gutierre. Bien entendu, aucun de ces trois ennemis de la vie humaine ne reconnaît que la maladie est feinte. Carrazo examine le pouls d'Alberto et, le trouvant rapide et fort, déclare, en s'appuyant sur Galien «au chapitre quatre de Aphorismorum sententia», que c'est le foie qui est gravement atteint. Il ordonne donc de tirer du sang au malade et il ajoute que, «si cela ne suffit pas, clister erit necesarius». Gutierre, fort de l'autorité d'Hippocrate et de Navarro («chapitre dix-huit de pulsibus et urinis»), prétend que le mal est dans la tête et ne peut être guéri que par un emplâtre dont il donne la formule. Carrazo lui réplique qu'il a aussi peu de jugement que de science, et la dispute prendrait une tournure violente si le chirurgien ne proposait une solution conciliatrice. Pour satisfaire les deux médecins, il mettra tour à tour à la tête et du côté du foie deux douzaines de ventouses. Alberto se lève alors de son lit et, aidé de quelques amis, paie la consultation à coups de bâton. Je ne sais si *La Junta de los médicos* avait, au temps de Molière, franchi les Pyrénées, mais on y trouve une ébauche curieuse de la querelle qui met aux prises M. Tomès et M. Des Fonandrès, et l' «accommodement» qui la termine est du même genre que la concession qui permet à M. Filerin de voir revenir à la raison ses confrères imprudents (1).

Il y a aussi une plaisante consultation médicale dans *La Prueba de los doctores*. J'ai rencontré cet *entremes* dans un roman picaresque d'un des auteurs espagnols le plus souvent traduits ou imités en France au dix-septième siècle, don Alonso de Castillo Solórzano (2). Comme Argan, Ginès feint d'être non pas mort, mais malade, pour mettre sa femme à l'épreuve, et, comme Béline, Brigida laisse deviner le plaisir qu'elle aurait à devenir veuve. Entrent les docteurs Ribete, Matanga et Rebenque. Ginès raconte qu'il souffre d'une douleur « rognonicide ». Matanga lui demande en son jargon « si sa sensitive éprouve une oppression

(1) J'ai lu *La Junta de los médicos* dans une copie manuscrite de la Bibliothèque Nationale de Madrid qui l'attribue à un bel esprit de Valencia. C'est un *entremes* du dix-septième siècle qui, comme beaucoup d'autres dont il est difficile de trouver un exemplaire, a peut-être été imprimé à part.

(2) Ce roman s'appelle: *La Niña de los embustes Teresa de Manzanares, natural de Madrid.* — Barcelona, 1632.

générale sans donner lieu au *requies*. » On examine ensuite le liquide que vous savez. Ribete et Matanga déclarent (en s'appuyant, le premier sur Galien dans ses Verrines, et le second sur Hippocrate dans son Enéide) que la couleur observée marque un danger redoutable. Ils exigent alors qu'on les laisse seuls avec leur confrère, et Ginès se cache pour écouter ces « trois coutelas de la mort ». La consultation commence. Les trois médecins s'interrogent d'abord sur le nombre de leurs malades, c'est-à-dire de leurs «défunts». Matanga raconte qu'il prend des leçons d'escrime, et Ginès murmure entre ses dents qu'il aura ainsi des titres « pour l'un et l'autre homicide ». Il a une mule de trente mois qui est volontiers joueuse. Celle de Ribete mord très habilement. Quant à celle de Rebenque, elle est surtout forte pour les coups de tête. Nos trois bons confrères se décident pourtant à formuler une ordonnance, et, après avoir énuméré devant le prétendu malade les différents noms et sièges de son mal, ils l'invitent à faire venir six barbiers et six apothicaires qui lui infligeront les ventouses, lavements et purgations nécessaires. Ginès demande à examiner à son tour le vase qui a fait juger son cas si grave, et, comme il sait fort bien qu'il n'y a mis que du vin blanc, il le vide jusqu'à

la dernière goutte. Les voisines et les musiciens arrivent enfin, et l'on danse une chanson qui raille ces « pistolets dont chaque *recipe* est un coup mortel ». Malgré des détails burlesques qui ne pouvaient trouver place que dans une farce espagnole, *La Prueba de los doctores* nous peint l'hypocrisie de Brigida et l'incapacité raisonneuse des disciples d'Hippocrate et de Galien avec des traits qui semblent n'avoir été inutiles ni à l'*Amour médecin* ni au *Malade imaginaire*.

La comedia n'a eu garde de négliger une source de comique où l'*entremes* a si heureusement puisé. Le plus souvent dans une scène à part, mais quelquefois aussi dans une journée ou dans une pièce presque entière, elle s'est exercée, non sans esprit, à railler, comme dit Toinette, les médecins de la médecine. Le *gracioso* Caramanchel, avant de se mettre au service de *Don Gil de las calzas verdes* (1), a été pendant un mois le valet d'un médecin très barbu. Il a vu comment « avec quatre aphorismes, deux textes, trois syllogismes on soigne une rue entière ». Il s'est aperçu que son maître distribuait au petit bonheur ses diverses purga-

----

(1) La comedia de Tirso de Molina qui porte ce titre nous présente sous le nom de «don Gil aux chausses vertes» une amante abandonnée qui se travestit pour reconquérir son infidèle amant.

tions. Et, reconnaissant que la vie humaine est entre les mains de gens qui n'étudient jamais (1),il s'en est allé, dégoûté. C'est la même indignation contre « les ignorants au pouvoir desquels se trouve la santé » qui anime doña Jerónima dans *El Amor médico* (2). Cette comedia de Calderón n'a guère de commun que le titre avec l'*Amour médecin* de Molière. Tout au plus pourrait-on remarquer que Sganarelle fait à Clitandre la même observation que don Gaspar à doña Jerónima (3) ; à l'un et à l'autre de ces médecins improvisés il manque une barbe « doctorale », et, pour l'un comme pour l'autre, il est dit que la science ne se mesure point à l'âge. Ce sont là des rapprochements à peu près insignifiants. Il n'en est plus tout à fait ainsi de la scène (II, 8) où le faux *doctor Barbosa* explique à doña Estefania les raisons de sa maladie. En s'appuyant,

(1) Le docteur que servait Caramanchel avait bien l'intention chaque jour de jeter un coup d'œil, en rentrant, sur Galien et sur d'autres bons auteurs. Mais à peine avait-il ouvert ses livres que sa femme venait le relancer. «Vous avez bien assez étudié, disait-elle. Qu'importent au bout de l'année vingt morts de plus ou de moins ?»

(2) La servante Quiteria ne se contente pas d'approuver l'indignation de doña Jerónima «contre ces barbares qui vous donnent la mort, et non pas même gratis». Elle rappelle ou imagine le mot d'un bourreau qui, furieux de la maladresse de son apprenti, lui cria dans un moment de colère: «Allez-vous en, et, puisque vous êtes incapable d'apprendre un métier honorable, faites-vous médecin».

(3) Cf. *El Amor médico*, II, 8 et *L'Amour médecin*, III, 5.

d'après Galien, sur la distinction des quatre humeurs et de leurs quatre qualités, il définit ces accidents « que le grec appelle *symptomas* », et, pour combattre les influences morbides, il ordonne un régime «flemagogue et quelque peu colagogue» qui mêle dans les aliments « l'humide et le sec ».

On dira sans doute que Molière n'avait nul besoin de lire dans des livres espagnols de semblables raisonnements. Mais on sera peut-être plus disposé à croire qu'il s'en est souvenu si l'on réfléchit qu'il est allé chercher la fameuse consultation de l'*Amour médecin* dans une comedia où l'on ne s'attendait guère à la rencontrer, dans *La Venganza de Tamar*. Au début de la seconde journée, Amon est en proie à la mélancolie. « Si les médecins, dit-il, avaient à leur service autant de science que de paroles, je ne serais pas malade » (1) Eliacer lui réplique qu'ils n'étudient rien, « saigner et purger» étant «les pôles de leur science ». Et voici l'histoire qu'il conte : « Hier, dans la maison de Délbora (qui est très mal depuis quelque temps) se réunirent six docteurs pour consulter entre eux sur la maladie et lui appliquer quelque remède efficace.

(1) Cf. *Le Malade imaginaire*, III, 3: «Dans les discours et dans les choses, ce sont deux sortes de personnes que vos grands médecins. Entendez-les parler : les plus habiles gens du monde ; voyez-les faire : les plus ignorants de tous les hommes».

Ils se retirèrent dans une salle dont ils chassèrent les gens. L'envie vint à une servante (ne lui suffisait-il pas d'être femme pour l'avoir ?) d'écouter de quoi ils traitaient. Elle tenait pour assuré qu'ils philosopheraient sur le mal de la malade et rapporteraient des expériences faites sur ce cas. Et voici ce qu'elle entendit demander par l'un d'eux : « Seigneur docteur, quel gain pouvez-vous faire une semaine dans l'autre ? » — Réponse : « Cinquante écus. J'ai pu acheter ainsi une ferme, huit mille pieds de vigne, et un bocage où j'ai des vaches. Laissez-moi à mon tour vous faire compliment du bon goût qu'on voit aux maisons de Votre Grâce ». L'autre dit : « Elles font quelque bruit. Je ne sais que faire de l'argent que je gagne Chose admirable de voir que, sans être des bourreaux, c'est parce que nous tuons qu'on nous paie ! » — « Laissez cela, réplique un autre, et dites-nous comment vous a traité le jeu cette nuit. — J'ai perdu ; la fortune est volage. — Autre question. Avez-vous beaucoup de livres ? — N'est-ce pas assez de deux cents volumes, avec quatre doigts de poussière (car ils ne m'adressent pas une parole et je ne vais jamais voir celles qu'ils enferment) ? C'est charlatanisme et ignorance qui nous ont toujours donné de quoi manger ». — Après avoir ainsi bavardé, nos bons hypocrites, qui ne soignent que le menu de leurs repas, s'en vont trouver la malade et lui ordonnent avec les frictions et emplâtres ordinaires les inévitables ventouses et incisions. Ils se retirent enfin en emportant deux cents réaux. Je ne sais pas combien fut payée la consultation de Messieurs Tomès, Des Fonandrès, Macroton et Bahys, mais, si elle vaut plus cher, c'est pour le spectateur, et non pour la fille de Sganarelle.

Molière ne s'est pas contenté de demander au théâtre espagnol un peu de sa verve mordante; il y a aussi trouvé les deux ou trois thèmes d'intrigue qui lui étaient nécessaires pour donner à sa satire un cadre dramatique. C'est probablement dans *El Acero de Madrid* qu'il faut chercher la source commune de ces comédies ou canevas qui nous montrent une feinte maladie imaginée et guérie par l'amour. La Lucinde de Clitandre est de la même famille que la Belisa de Lisardo. La ruse qui lui donne pour époux le faux médecin qu'elle aime fut aussi imaginée par Lope, non dans *El Acero*, mais dans l'*entremes* : *El robo de Elena*, et Cyrano de Bergerac en avait, avant Molière, tiré un heureux parti pour le dénouement de son *Pédant joué*. Une jeune fille qui se dit malade afin d'ouvrir sa porte au seul docteur qu'elle désire ; un père diverti par une feinte qui va se changer pour lui en une désagréable réalité ; en fallait-il davantage pour l'intrigue de l'*Amour médecin* ?

Le *Médecin malgré lui* ne doit au fabliau du *Vilain Mire* que l'idée de la vengeance exercée par Martine. C'est dans l'*entremes* que se rencontrent les premières formes de la plaisante querelle qui met aux prises Sganarelle et sa femme. Elle est esquissée dans un dialogue de *Los Alcades* entre Clara et son mari Mojarrillo (1). Dans *Los Cuatro galanes*, les injures de Benita et les répliques de son frère Lorenzo rappellent parfois le ton de Martine et l'attitude de Sganarelle (2). Mais c'est surtout une scène de *La Guitarra* qui fait songer au début du *Médecin malgré lui*. « Et

---

(1) Cf. l'*entremes : Los Alcaldes*. Bibliothèque Nationale de Madrid, T. 495.

(2) «*Benita :* Nigaud, animal, quadrupède, âne, sans honneur, ni raison, ni jugement, imbibé comme une éponge de naïveté ! — *Lorenzo :* Vivez mille ans pour tant de louanges. — Plus sot que les pires butors ! — De tout cela je n'ai qu'à vous remercier — Baudet que l'on mène par le nez ! —Voici qui est mal. Pardon, nul ne me mène par le nez. — Comment ? Ta honte est si démesurée que ton honneur, ta maison, tout est perdu. — Ma maison ?... Je ne puis admettre cela. Lorsque j'y vais, je la trouve toujours à la même place. — Ta femme (si ça peut t'émouvoir) a quatre galants, et tous les quatre sont chez elle. — C'est excessif !... Mais, qu'y puis-je faire ?» (Traduction de M. Rouanet). Je ne connais de *Los Cuatro galanes* qu'une édition isolée. Elle est du dix-septième siècle, mais ne porte pas de date.

que voulez-vous que je fasse, s'écrie la femme de Ranedo? Je suis là, comme une esclave, sans avoir seulement une minute de repos, à prendre soin de votre maison et de vos enfants, qui m'accablent de fatigue, pauvre désespérée ». — «Hé! réplique Ranedo, vous ai-je dit de les mettre au monde? ». (Sganarelle est moins cruel; il conseille seulement à Martine de mettre ses enfants à terre). — «Puisse Dieu, poursuit la femme de Ranedo, m'entendre et m'arracher de vos mains! — Il le peut sans peine, en vous donnant...— Quoi? — La peste. — Puisse d'abord votre âme se briser en éclats! — Encore? Je vais vous époussetter les côtes. — Vous? à moi? — Allons, taisez-vous, sotte, puisque Dieu vous a faite femme mariée. Entrez là-dedans. Attendez, que je vous enferme. Ce soir, vous resterez sous clé ». Sganarelle va ici plus loin que Ranedo. Il ne lui suffit pas d'étriller Martine en paroles.

Il y a d'autres éléments de l'intrigue dans le *Médecin malgré lui* qui peuvent aussi se rattacher au théâtre espagnol. Lucinde feint d'être muette, mais sa ruse n'est pas d'un autre genre que le stratagème de la Lucia de *No hay peor sordo* (1).

(1) J'ai indiqué ailleurs (*La Comedia en France*, p. 379 à 381) que Scarron avait tiré de *No hay peor sordo* (Il n'est pire sourd)

Toutes deux sont également prêtes à recouvrer, l'une la parole, et l'autre l'ouïe quand on leur proposera le mari qu'elles veulent. Je ne pense pas qu'il faille chercher dans une autre comedia de Tirso de Molina l'idée de la scène où Sganarelle fait passer Léandre pour un apothicaire. *La Fingida Arcadia* l'indiquait en somme moins heureusement que *El Acero de Madrid*. Dans la comedia de Lope, le valet Beltran qui n'a eu, pour devenir médecin, qu'à passer l'habit doctoral et à estropier quelques mots de latin, introduit son maître Lisardo comme un élève à sa suite et lui demande, ainsi que Sganarelle à Léandre, de tâter un peu le pouls d'une malade dont ce n'est pas la santé qui le préoccupe. Qu'elle vienne de Tirso ou du «phénix» lui-même, cette situation n'en est pas moins à l'espagnole.

Elle est aussi à l'espagnole, la scène du *Malade imaginaire* où Cléante, sous le prétexte de faire comprendre le sujet de son «petit opéra impromptu», raconte à Angélique, en présence d'Argan et des Diafoirus, l'histoire de son amour (II, 5). Thomas Corneille s'était déjà servi d'une ruse analogue dans ce *Dom Bertran de Cigarral* (II, 4)

la plupart des scènes des quatre derniers actes de son *Jodelet duelliste*.

qui imitait un peu lourdement *Entre bobos anda el juego* de Francisco de Rojas. Molière, en la reprenant, la dépouille de ses burlesques ornements et lui donne des grâces nouvelles ; mais c'est encore avec le concours de l'Espagne qu'il varie à sa manière une intrigue qui, pas plus que celles de l'*Amour médecin* et du *Médecin malgré lui*, ne peut renoncer au thème indiqué par *El Acero de Madrid* : l'entrée de l'amant travesti dans la maison de celle qu'il aime.

Dois-je ajouter maintenant que Molière reste Molière dans le cadre comme dans le caractère qu'il a donné à la satire des médecins ? Il est bien évident qu'il l'a dégagée des invraisemblances burlesques de l'*entremes* et des romanesques complications de la comedia. Il n'est pas plus discutable qu'il lui ait donné la marque de son époque et la couleur de son milieu (1). Et il faut bien qu'il y ait ajouté quelque chose qui lui appartenait en propre, puisqu'il est le seul à lui avoir assuré un succès général et ininterrompu. Moratin ne faisait point œuvre inutile quand il traduisait pour ses compatriotes le *Médecin malgré lui* (*El Médico à palos*). Il leur faisait connaître une comédie origi-

____

(1) Cf. le livre de M Maurice Reynaud sur *Les Médecins au temps de Molière.*

nale qui donnait une portée nouvelle aux traits épars dans le théâtre de son pays. Il n'en serait pas moins aussi maladroit qu'injuste de nier ou de dissimuler les services rendus par l'*entremes* et la *comedia*. Molière n'y a pas seulement trouvé quelques moyens heureux de mêler à une intrigue de comédie médecins et apothicaires. L'Espagne a toujours eu le goût des réalités les plus familières, et elle était alors (1) le seul peuple d'Europe qui eût vraiment non pas de l'esprit, mais de l'humour. Si Molière a donné à sa satire des médecins une ampleur et une concentration qu'il ne doit qu'à son imagination et à son art, s'il l'a présentée avec une finesse purement française, parfois pourtant on y voit un réalisme et on y sent une saveur qui ne s'expliquent pas entièrement par la tradition gauloise. N'est-ce pas s'en rendre mieux compte que d'y retrouver une image plus humaine des peintures picaresques, que d'y entendre résonner plus naturellement l'écho du rire des *graciosos* ?

(1) Faut-il rappeler que l'Angleterre n'exerce sur la France de Louis XIV à peu près aucune influence littéraire ?

Vers la comédie libre

Dans un article d'une spirituelle sagacité sur
« Sainte-Beuve appréciant Molière (1), M. Faguet
rappelle la fameuse épitaphe :

Sous ce tombeau gisent Plaute et Térence,

et il ajoute : « La Fontaine a oublié Aristophane,
et il a eu tort. Il y a, et beaucoup d'Aristophane
dans Molière, et c'est par là qu'il est poète comme
— je ne dis pas autant — comme le grand comique
athénien l'a été». L'observation est piquante, et
elle met en lumière un côté qu'on a trop laissé
dans l'ombre quand on a essayé de définir le génie
de celui qu'on a tant loué comme peintre des
mœurs de son temps et de l'éternelle humanité.
Et cependant La Fontaine n'avait pas tort. Molière
ne semble point avoir fréquenté beaucoup Aristophane. Il n'est pas du petit nombre de ceux qui,

(1) Feuilleton du *Journal des Débats* du 2 octobre 1905.

au dix-septième siècle, ont reçu, comme Racine, une culture hellénique, et il n'aurait point souffert qu'une Philaminte l'embrassât pour l'amour du grec. Des audaces de l'ancienne comédie athénienne il ne connaissait guère que cette très légère trace qu'on peut, en regardant avec un soin minutieux, apercevoir parfois dans les imitations tirées par Plaute d'un théâtre postérieur et d'une tout autre inspiration. On accordera aussi sans doute qu'il ne faut pas attacher sur ce point une plus grande importance aux *Plaideurs* qui ne sont d'ailleurs que de 1668. Dans l'œuvre entière de notre grand comique, je ne vois qu'une pièce où les commentateurs aient signalé des traits de ressemblance avec une comédie d'Aristophane. Le bourgeois gentilhomme a fait songer à un bourgeois d'Athènes, à Strepsiade, lorsqu'il veut se faire instruire par un disciple de Socrate, puis par le maître lui-même. Mais, s'il est vrai que le Français comme le Grec ne demande à la philosophie que des connaissances d'un ordre peu élevé, il n'est pourtant pas certain que Molière soit allé chercher dans les *Nuées* l'idée des plaisantes leçons prises par Monsieur Jourdain ; il l'a peut-être trouvée dans une comedia de Lope qu'il a mise d'autres fois à profit. Qu'est-ce donc qu'on veut dire quand on prétend qu'il y a chez lui de l'Aristophane ?

On veut d'abord parler de la poésie de son comique. « Molière jusqu'à sa mort, écrit Sainte-Beuve, fut en progrès continuel dans la poésie du comique. Qu'il eût été en progrès dans l'observation morale et ce qu'on appelle haut comique, celui du *Misanthrope*, du *Tartuffe* et des *Femmes savantes*, le fait est trop évident, et je n'y insiste pas ; mais autour, au travers de ce développement, il faut admirer ce surcroît toujours montant et bouillonnant de verve comique, très folle, très riche, très inépuisable ». Que cette fougue de gaîté soit un don naturel, c'est ce que je ne mets nullement en doute. Mais de quels aliments s'est nourri ce rire que Sainte-Beuve, sans s'occuper outre mesure des lois de la physique, comparait à « une flamme folâtre qui voltige de plus belle après que la combustion grossière a cessé » ? Où Molière pouvait-il trouver des exemples de cette espèce de lyrisme bouffe ? Je n'hésite pas à répondre qu'il n'en existait guère de son temps que dans le théâtre espagnol. C'est à cette source que Scarron avait puisé avant lui cette fantaisie dans le dévergondage qui donne à quelques-uns de ses vers comme une allure romantique. Sans jamais tomber dans l'énormité

de ce burlesque, Molière, qu'on représente trop
volontiers sous les traits d'un observateur attristé,
s'est laissé aller à de purs ébats où le rire se prolonge presque pour le seul plaisir d'étinceler. Ce
bourgeois de génie, qui était « le moins *romanesque* des hommes », ne nous a pas seulement
donné les conseils du bon sens, il a eu aussi des
amusements d'artiste. S'il ne s'est jamais désinté-
ressé du réel, il semble pourtant, pour parler encore comme Sainte-Beuve, s'être élevé «de la farce
franche et un peu grosse du début » jusqu'au « gai
sabbat le plus délirant ». Cette évolution s'expli-
que-t-elle complètement par la nature propre de
son génie ? Ne la comprend-on pas mieux si l'on
accorde qu'elle fut favorisée par la comedia et par
l'*entremes* ?

Ce n'est pas seulement par la poésie du comique
qu'il y a, et sans qu'Aristophane y soit pour rien,
de l'Aristophane chez Molière. C'est encore par la
liberté qu'il a donnée à la forme, au cadre et à la
disposition générale de quelques-unes de ses
pièces. Le souvenir de l'ancienne comédie grecque
ne jouait de son temps à peu près aucun rôle.
Plaute et Térence représentaient presque exclusivement la comédie des anciens, et les modernes
acceptaient comme des contraintes nécessaires les

règles qui s'imposaient à l'espèce plaisante comme à l'espèce tragique du drame. Un seul théâtre se refusait alors à obéir aux injonctions des commentateurs d'Aristote ; un seul usait et abusait d'une licence qui le faisait mépriser des critiques dans son pays presque autant qu'en France ; un seul mêlait au rythme ordinaire de son dialogue des mètres lyriques d'une assez souple variété. Ai-je besoin d'ajouter que c'était le théâtre espagnol ? N'est-il pas naturel de supposer que son exemple n'a pas médiocrement incité Molière aux libertés qu'il a cru devoir prendre ? De quelle sorte sont ces libertés ? Et quelle allure ont-elles donnée aux pièces où elles se sont le mieux fait leur place ?

On lit dans l'Avis au lecteur du libraire qui a édité *Psyché* : « M. de Molière a dressé le plan de la pièce et réglé la disposition, où il s'est plus attaché aux beautés et à la pompe du spectacle qu'à l'exacte régularité ». Notre grand comique, qui est probablement l'auteur de ces lignes, croyait donc devoir faire fléchir les règles pour donner plus d'éclat à la décoration. Mais *Psyché* (1) n'est que

(1) Pour ne pas parler des matassins qui interviennent dans une des entrées du ballet, je ne vois dans le premier acte de *Psyché* (scène 1) qu'un personnage qui puisse se rattacher à une origine espagnole. C'est Aglaure qui tient à Cidippe, sur la nécessité de

pour une petite partie son œuvre, et ce n'est pas une comédie, puisque c'est une tragédie-ballet. Je ne parle pas du rythme qu'il a adopté et que Corneille a suivi. Dans une pièce écrite pour un spectacle royal, c'était à peine une liberté que le mélange de deux mètres différents.

Il n'en avait pas été de même pour *Amphitryon*. Ce n'est pas Plaute qui invitait Molière à entrecroiser les rimes et à user des vers d'inégale mesure. Ni les rares stances introduites parfois dans la tragédie, ni l'exemple d'*Agésilas* ne suffisaient à lui suggérer une pareille innovation. On se l'explique beaucoup mieux si l'on songe qu'elle était déjà en germe dans la prose cadencée d'une comédie où l'on croit surprendre les couleurs de l'Espagne et qui avait été représentée l'année précédente : *Le Sicilien ou l'Amour peintre*. Cette fantaisie dans la forme n'a pas médiocrement contribué à l'originalité d'une pièce qui avait emprunté à Plaute et à Rotrou une bonne partie de ses richesses. Elle a permis de traiter avec une grâce ironique un sujet où la mythologie ne pouvait être

n'espérer plus rien «A moins que l'on se jette à la tête des hommes», un discours assez semblable à celui de Lamie à sa sœur dans *La Dévote hypocrite*.

prise au sérieux. Ce n'est pas seulement par l'heureuse facilité du vers qu'*Amphitryon* appartient en propre à Molière. Ni Plaute ni Rotrou ne lui indiquaient les plaisantes scènes où Sosie et Cléanthis nous donnent une si savoureuse parodie de la comédie conjugale jouée par leurs maîtres. Faut-il en chercher l'idée dans cet unique vers d'*Amphitruo* où l'on a voulu voir «le trait de lumière» (1) et qui est placé dans la bouche du valet latin : «Et moi, crois-tu que mon retour n'aura pas été attendu par mon amie» ? Mais Molière ne rencontrait-il point à la fin de plus d'une *comedia* un mariage du *gracioso* et de la *graciosa* qui avaient commencé par former une sorte de ménage ? Mais, dans des intrigues fort différentes, n'avait-il pas déjà tiré le plus heureux parti de cette opposition si chère au théâtre espagnol entre l'attitude et le langage que dans d'analogues situations prennent les maîtres et leurs serviteurs (2) ?

(1) Cf. la remarque de M. Mesnard dans son édition de Molière, t. VI, p. 344.

(2) On se souvient de l'exclamation de Gros-René (*Le Dépit amoureux*, IV, 4) après qu'Éraste a demandé et obtenu un «pardon obligeant». Si éloignée qu'elle en paraisse, n'en peut-on pas cependant rapprocher l'interrogation de Sosie:

> «Que dis-tu, Cléanthis, de ce joyeux maintien
> Après son fracas effroyable ?» (II, 5).

Qu'on relise enfin tout le rôle de Sosie, et l'on conviendra qu'il

Ce contraste reparaît dans une scène du *Bourgeois gentilhomme* (III, 10) qui rappelle davantage le *Dépit amoureux*. Mais la brouillerie légère et le rapide raccommodement de Cléonte avec Lucile et de Covielle avec Nicole ne jouent qu'un rôle bien effacé dans la pièce que remplit la naïve vanité de Monsieur Jourdain. On a souvent remarqué combien il se mêle de plaisante exagération à la peinture si vive du travers de ce bourgeois enrichi. Molière n'a pas cru affaiblir la justesse de ses observations en les présentant avec toute la gaîté de son imagination. La verve qui anime le *Bourgeois gentilhomme* ne montre rien d'emprunté ; c'est un don naturel. Mais dans cet heureux mélange de vérité et de fantaisie s'il faut faire une part à une influence étrangère, je crois bien que c'est à l'es-

n'est pas seulement l'héritier des esclaves de la comédie latine, et qu'il y a dans ses veines un peu du sang des *graciosos*.

L'*Amphitruo* de Plaute a été traduit en espagnol en 1515 par Francisco de Villalobos. Fernan Perez de Oliva en a donné en 1529 une adaptation où M. Bock veut que Molière ait pris quelques détails. (Cf. *Zeitschrift für neufranzosische Sprache und Litteratur*, tome X, 1er fascicule, 1888;. Il semble, en effet, qu'on puisse accepter quelques-uns des rapprochements indiqués par M. Bock. Mais l'œuvre de **Perez** de Oliva appartient à ce théâtre érudit qui n'a exercé sur le drame espagnol à peu près aucune influence, et ce n'est pas sans raison que Moratin (don Leandro) l'apprécie en ces termes: «Cuando Moliere puso en el teatro francés esta comedia, se apartó muchas veces del testo original, y siempre para mejorarle. Oliva al contrario, cada vez que se separa de lo que Plauto escribió, desatina».

pagnole. Pour que l'intrigue fût possible, il fallait que la sotte ambition de Monsieur Jourdain prétendît s'exercer aux dépens de sa fille. Cette donnée a été fournie à Molière par un chapitre du *Don Quichotte* (1). Sancho, qui va repartir en aventures avec son maître et qui pense bientôt être gouverneur d'une île, songe déjà à marier Marisancha et déclare que nul ne l'obtiendra s'il n'est noble. Sa femme Teresa lui fait les mêmes objections que Madame Jourdain et n'arrive pas davantage à dissuader de son projet ce roturier qui veut avoir «des petits-fils qu'on traite de seigneurs». Je ne sais si Molière a pris chez Guérin de Bouscal (2) le mot du bourgeois gentilhomme : «Ne me répliquez pas davantage : ma fille sera

---

(1) C'est le chapitre V de la seconde partie. Voici, dans la traduction de Rosset, un des passages qui semblent avoir le plus directement inspiré Madame Jourdain. C'est Teresa qui parle : «Je ne veux point donner sujet de parler à ceux qui me verroient aller vêtue en comtesse, ou en gouvernante, qui tiendroient ce langage : «Regardez cette grosse truie, comme elle s'enfle! Hier elle tiraillait sans se lasser un flocon d'étoupes, ou bien elle alloit à la messe la tête couverte d'un bout de sa jupe en guise de cape, et aujourd'hui elle marche avec le vertugadin, la broderie et la piaffe, comme si nous ne la connaissions pas!» Si Dieu me conserve mes sept ou cinq sens, ou ceux que j'ai, je ne pense point donner occasion de me voir en un tel péril, etc.».

(2) Cf. *La suite de Don Quichotte* (1639):
    «N'en parlons plus, suffit, elle sera comtesse;
    Et si vous me fâchez, elle sera princesse».

marquise, en dépit de tout le monde ; et, si vous me mettez en colère, je la ferai duchesse». Cette plaisante boutade se trouvait en tout cas chez Cervantes. «Ne parlons plus là-dessus, s'écriait Sancho, Sanchica sera comtesse, en dépit de tout ce que tu peux dire». Il suffisait d'ajouter à l'injonction du mari la réponse de la femme : «Faites-en ce que vous voudrez, et, s'il vous plaît encore, faites-la duchesse ou princesse». Nous avons d'ailleurs la preuve dans le *Bourgeois gentilhomme* que Molière était familier avec le *Don Quichotte* (1). Le compliment de Monsieur Jourdain à Célimène (III, 19) rappelle singulièrement la déclaration amoureuse que l'illustre chevalier de la Manche admirait dans un de ces livres où sa raison s'égarait : «Los altos cielos... os hacen *merecedora del merecimiento que merece* la vuestra grandeza» (I, 1). Ne reconnaît-on pas le «*mérite pour mériter un mérite* comme le vôtre»? Molière a renouvelé, en lui donnant une autre portée, la raillerie que Cervantes avait lancée contre le style des romans de chevalerie (2).

(1) Cf. S. Griswold Morley dans *Modern Language*, XIX, 2.

(2) Le passage ainsi raillé se trouve dans *Don Olivante de Laura* (II, 25): «Oh celestial imagen, cuánto agravio se hace á tu soberana hermosura, pues *mereciendo* el más alto asiento de los cielos, te consienten estar entre los mortales, y á ellos en no hacer á ninguno *merecedor de merecerte*, sino á mi, que si algún *merecimiento* para contigo tengo es por el amor con que te amo !»

C'est avec le même art qu'il a mis à profit la déclaration faite à don Quichotte par celui qu'il prend pour un châtelain. Cet aubergiste n'est pas plus aubergiste que le père de Monsieur Jourdain n'était marchand. Il s'est «retiré dans son château où il vit de son bien et de celui d'autrui en y recueillant tous les chevaliers errants de n'importe quelle qualité et condition, uniquement à cause de la grande sympathie qu'il a pour eux et parce qu'ils lui donnent une partie de leur avoir pour le récompenser de son bon vouloir» (I, 3). On se souvient que tout ce que faisait Monsieur Jourdain père, «c'est qu'il était fort obligeant, fort officieux; et, comme il se connaissait fort bien en étoffes, il en allait choisir de tous les côtés, les faisait apporter chez lui, et en donnait à ses amis pour de l'argent» (IV, 5).

Ce n'est plus à Cervantes, c'est probablement à Lope que Molière doit l'idée d'où il a tiré ses deux premiers actes. En lisant *La Dama boba* il a vu quels effets plaisants on pouvait obtenir avec la peinture d'une sottise qu'on s'efforce vainement de corriger par l'instruction. La Finea de Lope apprend péniblement ses lettres; quand son professeur de lecture lui enseigne: «V, i, e, n vien», elle demande: «Où donc?». Son maître à danser n'est pas plus heureux. Finea ne comprend pas qu'on aille sautillant comme une pie (1). Elle montre dans ses préférences pour certains instruments de musique un goût qui la rapproche de Monsieur Jourdain. Elle ne réclame pas une trompette marine, mais un tambourin et des grelots. Qu'il n'y ait là qu'une indication bien légère, et que la situation et le caractère de Finea n'aient rien de commun avec le *Bourgeois gentilhomme*, cela est de la plus lumineuse évidence. Il est seulement curieux de voir comment les moindres souvenirs des comédies qu'il avait parcourues se transformaient dans l'imagination féconde de Molière en des saillies qui ne perdaient rien de leur gaîté à devenir de ces «choses» où l'homme se révèle.

Le *Sicilien* n'a pas fait songer à Aristophane, mais à Shakspeare. Cette charmante petite pièce est, en effet, la seule en un acte qui ne demande son agrément qu'à la grâce et à la fantaisie (2). Fut-elle inspirée par quelque modèle étranger? Je

(1) Cf. *La Dame boba*, I, 5 et II, 7.
(2) La remarque est en partie de Voltaire. Cf. son sommaire du *Sicilien*. «C'est la seule petite pièce en un acte où il y ait de la grâce et de la galanterie. Les autres petites pièces que Molière ne donnait que comme des farces ont d'ordinaire un fonds plus bouffon et moins agréable».

le crois, et je crois aussi que cet original avait été apporté d'Espagne. Le rencontrera-t-on un jour ? Je ne sais ; mais on peut, en attendant, faire remarquer que les deux thèmes essentiels de l'intrigue sont dans le goût de la comedia. Calderón avait tiré de l'intervention d'un faux peintre les tragiques effets de son *Pintor de su deshonra*. Faut-il chercher dans son théâtre la première forme de la ruse employée par Adraste pour introduire une femme dans la maison d'un jaloux (1)? Mais si dans *El escondido y la Tapada* on voit Celia se présenter à don Diego comme une femme poursuivie par son mari, sa situation est loin de ressembler à celle de Climène, et c'est elle qui sort mariée de la maison où la retiennent d'assez pénibles complications. Le stratagème dont elle use était bien mieux indiqué à Molière par la *Dame d'intrigue* (1663) où, pour entrer chez Crispin, Rufine se fait poursuivre par Lycaste qui joue assez exactement le rôle d'Adraste (I, 5 et 6). Chapuzeau avoue lui-

(1) On pourrait comparer à cette ruse celle qui est contée dans le vieux *Libro de los engaños y los asayamientos de las mugeres* sous le titre: *Enxemplo del señor, y del ome, y de la muger, y el marido de la muger, como se ayuntaron todos*. On la trouvera dans *L'Élite des contes* du sieur d'Ouville où elle est intitulée: *D'un homme qui fut cocu*. La *Bibliotheca hispanica* vient de publier (Madrid, 1904) ce *Libro de los engaños* qui a emprunté l'«exemple» que je viens de citer à l'*Hitopadeza*.

même dans son Avertissement qu'il a emprunté cette partie de son intrigue à un auteur espagnol. Est-ce à cet auteur que Molière a eu recours? Je ne le pense pas; mais, quel que soit son original, je suis bien certain que, si on le découvrait, il n'empêcherait point d'appliquer au *Sicilien* les vers avec lesquels Chapuzeau justifie sa *Dame d'intrigue* :

> «De semblables larcins chacun n'est pas capable.
> Si l'on plaît, c'est assez, et l'on n'est plus coupable».

La jolie scène où Isidore reproche à dom Pèdre sa jalousie montre une simplicité ingénue qui n'appartient qu'à celui qui avait déjà fait converser Agnès et Arnolphe. S'il a eu un modèle, il l'a traité avec cette heureuse indépendance qui avait donné une beauté toute nouvelle à la situation indiquée par *El prevenido engañado*.

Est-ce à dire qu'il n'y ait dans le *Sicilien* aucune trace de l'influence espagnole? C'est à elle, au contraire, qu'il faut en partie attribuer cette fantaisie qui ne vient évidemment pas chez Molière de l'exemple de Shakspeare. Fantaisie dans la forme, fantaisie dans la couleur du ton et des costumes des personnages, fantaisie dans la mise en scène, comment expliquer ces libertés si nouvelles sans se souvenir de la comedia? Comment croire que ce tissu de vers non rimés de quatre, de cinq, de six ou de douze pieds ne marque que la négligence d'un auteur trop pressé? Comment admettre que par paresse ou faute de temps le *Sicilien* n'ait pu être «habillé à la française» (1)? Comment ne voir qu'une maladresse impuissante dans la diversité des changements de scène? Il y avait alors un théâtre où les vers blancs trouvaient naturellement leur place, où l'éclat était recherché en dehors même de la vraisemblance, où, sans avoir besoin des ressources d'une décoration compliquée, l'action se promenait à son gré dans les lieux les plus différents. Est-ce un paradoxe de supposer que Molière, tout en en voyant les dangers et les défauts, en ait aussi compris les avantages et senti le charme? La concentration de l'intrigue ne s'obtient qu'aux dépens de la couleur, et, pour ne pas sortir de l'humanité générale, il faut aussi renoncer à des jeux gracieux de l'imagination. Est-ce méconnaître le génie de Molière que lui prêter dans une pièce qui se rattachait à un ballet un effort vers ce que nous appelons aujourd'hui le pittoresque (2)?

(1) C'est l'idée soutenue par Cailhava dans: *De l'Art de la Comédie*, tome II, p. 227.

(2) Une note d'Auger à la fin de la seconde scène exprime assez heureusement le genre d'intérêt excité par *Le Sicilien:* «Ce début de pièce est vif, animé, et, si je l'ose dire ainsi, pittoresque. Le

Ne semble-t-il pas, dans le *Sicilien*, qu'il ait, grâce à l'Espagne, entrevu une forme d'art plus libre qui, sans excès et sans disparate, mélât la poésie à la prose et la fantaisie à la vérité ?

On sera sans doute plus disposé à élargir le cadre dans lequel on enferme d'ordinaire «l'auteur du *Misanthrope*» si l'on fait cette simple réflexion qu'avant d'écrire le *Sicilien* il avait déjà composé *Dom Juan*. Voici en quels termes le 14 février 1665 Loret annonçait dans sa *Muse historique* ce *Festin de Pierre* qu'il ne connaisait encore que d'après ceux qui avaient vu répéter la troupe du Palais-Royal :

«il est fin, à son ordinaire,
et d'un singulier caractère».

Ce caractère ne lui vient pas seulement des changements de théâtre dont «le bourgeois» du temps de Loret se montrait «idolâtre». Il se manifeste à la fois dans le choix du sujet, dans la nature du principal personnage et dans l'allure

choix du pays et de l'heure; la nuit si agréable sous le beau ciel de la Sicile, et partout si favorable aux aventures galantes ainsi qu'aux méprises comiques; la diversité des costumes et des mœurs; la jalousie astucieuse d'un Sicilien aux prises avec l'amour entreprenant d'un Français: tout cela pique la curiosité et commence même à exciter une sorte d'intérêt».

générale de la pièce aussi bien que dans la mise en scène. Où Molière a-t-il puisé l'inspiration de cette œuvre si «singulière» en effet?

La légende de don Juan se rencontre sous diverses formes en divers pays (1). Pour ne pas sortir d'Espagne, il suffira de rappeler qu'il y a eu au XVme siècle un Almaraz qu'on appelait à Plasencia *El convidado de piedra* (2). M. Juan Menéndez Pidal a recueilli dans les montagnes de la province de León un vieux romance populaire où l'on voit une tête de mort accepter l'invitation à dîner d'un galant libertin et le convier à son tour à un repas qui a lieu à minuit dans une sépulture ouverte. Je n'ai trouvé chez les chroniqueurs de Séville aucune trace d'une légende analogue, mais ce n'est pas sans doute sans raison que don Juan s'appelle *el burlador de Sevilla* dans la comedia qui en a fait la première un personnage immortel. Dans quelque province d'Espagne qu'il en ait entendu parler, Tirso de Molina a réussi à en tirer un drame qui a eu la plus illus-

---

(1) **M. G.** de Bévotte achève en ce moment une étude sur les origines et le développement de la légende de don Juan dans la littérature, dans la musique et dans la peinture. J'espère que son livre paraîtra l'an prochain, et je sais déjà qu'il offrira sur cette question des pages d'un vif intérêt.

(2) Cf. **E. Cotarelo y Mori.** — *Tirso de Molina*, p. 115, Madrid, 1893.

tre postérité (1). Il a fait paraître sur la scène

(1) M. Farinelli (*Giornale storico della letteratura italiana*, vol. XXVII, fasc. 79) ne croit point à l'authenticité du *Burlador de Sevilla*. Il fait remarquer qu'on ne rencontre la pièce dans aucune des éditions autorisées de Tirso, et il n'y reconnaît ni son style aimable ni les caractères habituels de ses personnages. On peut faire à ses objections les réponses suivantes :

1° Les comedias sont écrites pour la représentation, et la négligence des auteurs d'alors pour l'impression de leurs œuvres dramatiques atteint parfois jusqu'à l'invraisemblable.

2° Il suffit d'étudier d'un peu près la seconde partie des Comedias de Tirso publiée à Madrid en 1635 par l'auteur lui-même, de connivence avec un neveu authentique ou imaginé, pour se convaincre que l'oncle du prétendu don Francisco Lucas de Avila ne se souciait guère d'établir rigoureusement la paternité de ses œuvres.

3° La première édition connue de *El Burlador* est de 1630. Elle se rencontre dans le recueil suivant : «Doze comedias nuevas de Lope de Vega Carpio y otros autores. Segunda parte. Barcelona, par Jerónimo Margarit, 1630». La septième comedia de ce recueil porte le titre que voici : «*El Burlador de Sevilla y combidado de piedra*, comedia famosa del maestro Tirso de Molina. Representóla Roque de Figueroa». Or, j'ai cru remarquer que les chances d'authenticité augmentent singulièrement lorsqu'à côté du nom de l'auteur est indiqué celui du directeur de la troupe qui a joué la comedia. (C'est aussi Roque de Figueroa qui a représenté pour la première fois un autre grand poème dramatique de Téllez : *El condenado por desconfiado*).

4° S'il y a dans *El Burlador* des incohérences dans la composition et des maladresses dans le style, il ne faut pas oublier qu'il nous manque une bonne édition de cette comedia. Le texte qu'a essayé d'établir Hartzenbusch (qui ne connaissait pas les éditions de 1630 et de 1654) est fort défectueux, comme il le reconnaît lui-même. Mais on trouve dans l'édition de Barcelona de 1630 comme dans les deux éditions de 1654 (Madrid et Zaragoza. Parte sexta de comedias escogidas de los mejores ingenios de España) des vers qui comblent quelques-unes des lacunes les plus criardes signalées par Hartzenbusch. Donc, une bonne partie de ce qu'on trouve indigne de Tirso provient soit d'additions (comme cette description «le convié de pierre», et l'usage qu'il a fait du

de Lisboa qui n'est peut-être qu'une *loa* de circonstance introduite par les acteurs), soit d'omissions dont il ne convient pas de le rendre responsable.

5° Si le style de *El Burlador* est souvent médiocre, surtout par la faute des mains criminelles qui l'ont gâté, il est certain que seul un grand poète a dû concevoir un personnage comme don Juan (le seul Espagnol qui ait eu une fortune européenne), donner tant d'éclat à la partie fantastique et trouver parfois des expressions d'une énergie si rude et si dramatique.

6° Il est facile enfin de reconnaître dans cette comedia un sentiment religieux et une conception théologique qui semblent bien appartenir à l'auteur de *El condenado por desconfiado* (Le damné pour manque de foi).

On pourrait encore faire remarquer que, quelle que soit l'origine espagnole de la légende de don Juan, Tirso de Molina a pu la rencontrer aussi bien à Trujillo, où il a séjourné, qu'à Séville où il s'est arrêté deux fois lors de son voyage en Amérique comme visiteur des couvents de son ordre. (Il faut placer ce voyage entre 1624 et 1627). Si l'on accepte que Tirso ait tiré son drame d'une tradition sévillane, il ne serait pas invraisemblable d'en placer la composition vers 1625. M. Mesnard la fait remonter avant 1620, sous le prétexte que c'est la date de la prise d'habit de Gabriel Téllez. Cela prouve tout simplement qu'il n'est point au courant des mœurs espagnoles du XVIIᵉ siècle, qui n'interdisaient nullement à un prêtre d'écrire pour le théâtre. La date qu'il emprunte à M. de Latour est d'ailleurs parfaitement inexacte, puisque dans la *Letania moral* de Andrès de Claramonte qui fut imprimée en 1613 et dont le privilège est de 1610, Gabriel Téllez est appelé «poeta cómico» et «Mercenario» (de l'ordre de la Merci)

Je n'ai rien dit de ce *pliego* du XVIIᵉ siècle trouvé en 1878 par le marquis de Fuensanta del Valle, et dans lequel une pièce intitulée: *¿Tan largo me lo fiais?* est attribuée à Calderón. Revilla voyait dans cette pièce la rédaction primitive de *El Burlador*. On y sent, au contraire, un souci perpétuel de dissimuler le plagiat. Cette méchante copie n'est certainement pas antérieure à l'édition de 1630. D'ailleurs, en 1630, et à plus forte raison dans les années précédentes, ce n'est pas à Calderón, c'est à Lope qu'on aurait attribué des comedias d'un autre auteur.

merveilleux et du fantastique a donné à sa pièce un éclat et une grandeur qui ne lui ont rien ôté de sa vraisemblance et de sa valeur psychologique. Est-ce à elle que Molière est redevable des éléments étrangers qu'il a mis en œuvre dans son *Dom Juan* ?

Il est certain que le directeur de la troupe française du Palais-Royal a voulu profiter de la vogue d'un spectacle qui avait valu tant de succès aux Italiens, aux comédiens de Mademoiselle et à ceux de l'Hôtel de Bourgogne. Il est donc probable qu'il a commencé par voir ou par lire dans la traduction de Dorimond corrigée ou copiée ensuite par Villiers l'adaptation que Giliberto avait tirée de l'original espagnol. Il n'a pas manqué non plus de lire le canevas des Italiens et la pièce de Cicognini à laquelle ils l'avaient emprunté. Ce sont sans doute ces spectacles ou ces lectures qui lui ont permis d'esquisser le plan de son *Dom Juan*. A-t-il enfin remonté jusqu'à Tirso de Molina ? Nous n'en avons pas la preuve matérielle. Ce n'en est pas une que la ressemblance des deux derniers vers du sonnet d'Oronte avec une sérénade de *El Burlador*. On pourrait peut-être faire remarquer à propos de la plainte de dom Carlos sur «la malheureuse condition d'un gen-

tilhomme» qu'avant d'en trouver ailleurs le développement Molière en avait déjà rencontré l'ébauche dans l'exclamation du roi de Naples : «Ah!
pauvre honneur! Si tu es l'âme de l'homme,
pourquoi te confier à l'inconstance de la femme
qui est la légèreté même ?» (*El Burlador*, I, 7).
N'est-ce pas aussi l'idée combattue par Tirso
qu'exprime la boutade du dom Juan français :
«Oui, ma foi! il faut s'amender ; encore vingt ou
trente ans de cette vie-ci, et puis nous songerons
à nous» (IV, 7)? Le don Juan espagnol ne disait
pas autre chose avec son refrain : «¡ *Que largo me
lo fiais !*». Il ne faut d'ailleurs pas oublier qu'aucun
élément essentiel à l'intrigue et aux personnages
de l'action dont il est le héros n'a été ajouté ni par
Giliberto ni par Cicognini. A supposer même que
Molière n'eût jamais lu Tirso de Molina, c'est
envers lui pourtant qu'il aurait indirectement
contracté la dette la plus importante.

Mais comment expliquer sans cette lecture la
transformation profonde qu'il a fait subir aux adaptations italiennes? Dans la dédicace de son *Festin de
Pierre* (Paris, chez Charles de Sercy, 1660), le sieur
de Villiers déclare que ce qui a paru de plus beau
dans la représentation, c'est «la figure de dom
Pierre et celle de son cheval». Il n'ignore pas «le

peu d'ordre qu'il y a dans ce sujet, son irrégula-
rité», et il est parfaitement convaincu que, si tous
les écrivains se faisaient corriger par Corneille,
sa «trouppe n'auroit pas esté réduite à faire parois-
tre un Homme et un Cheval, faute de quelque
chose de meilleur». Qu'est-ce à dire sinon que,
pour de Villiers et pour son public, la belle
légende si dramatiquement mise en scène par
El Burlador était devenue un simple prétexte à
des machines et à des trucs ingénieux? Les Italiens
lui avaient appliqué la méthode ordinaire avec
laquelle ils déforment la comedia. Ils lui avaient
enlevé sa saveur tragique pour l'accommoder à
leurs lazzi. N'est-il pas naturel de penser que
Molière ne la lui a rendue qu'en remontant à sa
source ? Si l'Italie lui a fourni des éléments de
gaîté, n'est-ce pas, ici encore, l'Espagne qui lui a
permis de voir plus large et plus profond? S'il
doit à l'une d'avoir fait une comédie, ne doit-il
pas à l'autre de n'avoir rien ôté de sa force au
sujet et d'avoir composé ainsi une grande comédie ? (1).

(1) N'est-ce pas aussi à l'exemple de Tirso que Molière a renoncé
à ce trop habile subterfuge des Italiens qui ne prêtaient à don Juan
de blasphèmes que contre la religion de Jupiter ou des Dieux ? Cet
anachronisme, qui ne surprenait point dans des œuvres uniquement
préoccupées des lazzi et de la mise en scène, ne pouvait convenir
à une œuvre qui voulait peindre des mœurs et des caractères
contemporains.

S'il a enfin écrit une comédie française d'une portée européenne, c'est ce qu'il ne doit qu'à lui-même. Le héros de Tirso avait une autre allure dans *El Burlador* que dans les adaptations italiennes ; mais il était peint avec des couleurs trop spécialement espagnoles. Il n'est pas seulement un de ces séducteurs élégants que représente souvent la comedia et que Thomas Corneille a transportés sur notre scène dans son *Amour à la mode*. Le don Gaspar de *El Amor al uso* (1) qui fait si joliment « porter à la galanterie les livrées de l'amour » (2) n'est qu'une épreuve singulièrement affaiblie de don Juan Tenorio. Tirso en avait fait un orgueilleux qui met son point d'honneur à n'être arrêté par aucune crainte et qui trompe les femmes par hautaine méchanceté (3). Ce qu'il a voulu combattre et châtier par cet exemple, c'est d'abord l'usage des faux serments où Dieu fut invoqué (4) ; mais c'est aussi et c'est surtout l'idée parfois pernicieuse que l'Espagne catholique se

(1) Cette comedia est de don Antonio de Solis y Rivadeneyra.

(2) Ce sont les expressions dont se sert Thomas Corneille dans l'*Épître* de son *Amour à la mode*.

(3) Cf. *El Burlador*, II, 7: «Le plus grand plaisir que je puisse éprouver, c'est de tromper une femme et de la laisser sans honneur».

(4) Au moment même où don Juan lui jure de l'épouser, Tisbea ne manque pas de l'avertir «qu'il y a un Dieu et qu'il faut mourir». (*El Burlador*, I, 16).

faisait de la toute-puissante vertu de la confession. Puisque l'aveu sincère efface toutes les fautes, ne sera-t-il pas toujours temps de se repentir ? Les paroles qu'on chante dans le tombeau du Commandeur reprennent, pour en montrer l'irréparable danger, le refrain de don Juan : « *Que largo me lo fiais !* » (1). *El Burlador de Sevilla* est l'œuvre d'un théologien autant que d'un poète.

Le héros de Molière n'est plus un Espagnol débauché qui reste catholique puisque son dernier cri est pour réclamer un confesseur. Il est devenu un athée, grand seigneur et méchant homme. C'est à Versailles qu'il faut chercher de son temps des exemples de sa légèreté, de sa bravoure et de son insolence railleuse. On n'aurait ni compris ni toléré à Madrid sa grandeur ferme dans son athéisme. Molière lui a donné aussi une corruption dont on n'a peut-être pas assez relevé l'élé-

(1) Voici les deux strophes chantées dans le tombeau de don Gonzalo :

> «Adviertan los que de Dios
> juzgan los castigos grandes
> que no hay plazo que no llegue
> ni deuda que no se pague.
>
> Miéntras en el mundo viva,
> no es justo que diga nadie:
> *; Que largo me lo fiais !*
> siendo tan breve el cobrarse».

gance Dom Juan apporte dans la dépravation d'artistiques sentiments. Il sait que, pour un homme, le plus beau moment de l'amour est dans la première faveur qu'il obtient, et qu'il n'y a pas de plus délicate volupté que de voir s'affirmer l'inclination qu'on a fait naître. Quand on a mis son nom à la première page, le livre qu'on est certain de posséder a perdu la meilleure part de son intérêt. Dom Juan est plus humain que le héros de Tirso. Ce qu'il recherche dans la femme, ce n'est pas la joie cruelle de la tromper, c'est le désir de savourer son premier enivrement. Dom Juan ne ment pas autant qu'on le croit quand il parle à Elvire de sa sincérité (I, 3). C'est parce qu'il n'aime plus qu'il ne poursuit pas plus longtemps sa comédie d'amour. Mais qu'Elvire lui apparaisse sous un costume et avec des larmes qui lui refont une virginité, et son désir renaîtra à l'idée d'une conquête à recommencer (IV, 6). C'est ce dilettantisme qui explique son hypocrisie. Il reconnaît avec le progrès de son expérience que ce masque met à couvert de « cent fâcheuses aventures ». S'il le place sur sa figure, ce n'est point du tout l'effet d'une crainte qu'il n'éprouve point, c'est parce que son égoïsme de plus en plus raffiné se refuse à heurter les préjugés des hommes dans l'intérêt

supérieur de son ironique tranquillité. L'hypocrisie n'est point à ses yeux une lâcheté, mais une
forme plus haute de son mépris distingué.

La figure de dom Juan domine toute la pièce ;
mais c'est encore l'Espagne qui a inspiré la plupart
des scènes et des personnages secondaires. Les
reproches de dom Louis à son fils (IV, 4) rappelaient à tous les spectateurs ceux de Géronte à
Dorante ; mais il ne faut pas oublier que Corneille
ne les avait exprimés que d'après Alarcon. Il est
même possible que Molière ait puisé directement
dans *La Verdad sospechosa* la plainte de dom Louis
qui voit dans son fils un châtiment du Ciel (1). Il
n'est pas impossible non plus que, pour peindre
Sganarelle, il ait demandé plus de couleurs à l'Espagne qu'à l'Italie. Le valet qui accompagne dom
Juan, comme Sancho don Quichotte, ne met pas
seulement à profit les lazzi imaginés par la com-

---

(1) Cf. *Dom Juan* (IV, 4): «Hélas ! que nous savons peu ce que
nous faisons quand nous ne laissons pas au Ciel le soin des choses
qu'il nous faut..... et ce fils, que j'obtiens en fatiguant le Ciel de
vœux, est le chagrin et le supplice de cette vie même dont je croyois
qu'il devoit être la joie et la consolation»;

et *La Verdad sospechosa* (III, 9): «Ciel ! quel châtiment est-ce là?
Est-il possible qu'à un homme épris de la vérité comme moi vous
ayez donné un fils d'un caractère si différent ! Est-il possible qu'à
celui qui garde si fermement son honneur vous ayez fait engendrer
un fils d'une nature si basse !»

media. Il entasse parfois dans ses raisonnements tant d'adages et de proverbes que le chevalier de la Manche l'adresserait, s'il l'entendait, aux soixante mille diables qu'il souhaite à son fidèle écuyer (1). Ecoutez le Roldan de *Los dos Habladores* (2) : « Vous avez raison, parce que la loi fut inventée pour la tranquillité ; et la raison est l'âme de la loi ; et qui a une âme a des facultés ; les facultés de l'âme sont au nombre de trois, etc., etc. ». Voilà un « beau raisonnement » qui fait songer à celui de Sganarelle : « La mode vient de la fantaisie ; la fantaisie est une faculté de l'âme ; l'âme est ce qui nous donne la vie, etc » (V, 2). Le valet de dom Juan tient au moins autant du *gracioso* que du *zanni*.

S'il est un personnage qui semble n'avoir pu prendre naissance que dans une boutique de Paris, c'est assurément Monsieur Dimanche. Je ne serais pourtant pas surpris que l'épisode où dom Juan le renvoie satisfait « sans lui donner un double » (IV, 3) ait été suggéré à Molière par *El Marqués de Alfarache* (3) Cet *entremes* bouffon raille parfois

(1) Cf. *Don Quijote*, II, 43: «Que soixante mille Satanas t'emportent toi et tes proverbes !»
(2) Je rappelle que c'est un *entremes* de Cervantes.
(3) Cet *entremes* se trouve dans la sixième des *Fiestas del Santisimo Sacramento*. Cf. le tome II des *Obras de Lope de Vega*, publicadas por la *Real Academia Española*. Madrid, 1892.

avec esprit les prétentions des grands seigneurs et leur indignation quand on leur réclame leurs dettes. Dom Louis s'écriera sur le mode tragique: «Un gentilhomme qui vit mal est un monstre dans la nature». L'alguacil de l'intermède espagnol se plaint sur un autre ton qu'un gentilhomme puisse devenir «pire qu'un médecin, une belle-mère et un avocat».

Le marquis *de Alfarache* qui reçoit sa visite lui fait assez exactement le même accueil que dom Juan à Monsieur Dimanche. Il le force à s'asseoir avec une égale insistance. Il s'informe aussi de la santé de sa femme et manifeste à son égard une identique courtoisie de grand seigneur (1). Je sais

(1) Voici, dans l'*Entremés del marqués de Alfarache*, le passage qui fait songer à *Dom Juan* :

AGUIRRE. — Dice la guantera,

Que si algo no le manda Vuesoría
Librar, que no es posible que le pueda
Servir con tantos pares cada dia.

MARQUÉS

¡ Desconfiada, pícara ! Pagadla,
Y buscad, Camarero, otra guantera
Que fie, y que no pida que la pague,
Que yo estoy luego allá para servirla.

CAMARERO

Esto falta no más á los criados
Para ser escuderos ensillados.

Vanse todos y sale un Paje

PAJE

Aqui está un Alguacil de Corte, y dice
Que quiere hablar á Vuesoría.

bien que Molière a fait de cet épisode une véritable création, mais il est curieux, en tout cas, de

MARQUÉS. — Dile

Que aunque venga de punta, que entre luego.
¿ Que querrá el Alguacil de Corte agora ?
Querrá pedirme alguna colgadura,
O cartas de favor para algún Príncipe ?
¡ Amigo mío !

Sale el Alguacil y arrime la vara.

ALGUACIL. — Deme Vuesoria

Las manos. MARQUÉS ¡ Oh, señor ! Los brazos tengo
Para estas ocasiones; tome silla.
ALGUACIL. — Muy bueno estoy en pie.

MARQUÉS. Silla. — A. Yo vengo

Mas de prisa, señor. — M. Silla por vida
de la Marquesa: silla, Alguacil mio:
Silla por mi salud. — A. Pues quiere honrarme
Vuesoria, yo quiero obedecerle.
— M. Cúbrase por mi amor : bonete digo.
— A. yo estoy ansi muy bien. — M. Acabe, acabe.
A personas honradas. — A. Aqui es justo
Obedecer a Vuecelencia en todo.
— M. ¿ Cómo esta mi señora doña Barbara ?
— A. Doña Juana se llama. — M. Eso no importa:
Para con Dios lo mismo es uno que otro.
¿ Como esta su merced, al fin ? — A. Muy buena
Y muy criada desta casa. — M. Tiénela
Afición la Condesa muy notable.
— A. No sé yo que haya visto doña Juana
Mi señora la Marquesa. — M. Reconoce
Lo que merece, aun sin haberla visto. —
A. Yo le beso los pies. — M. ¿ A qué venimos,
Al fin ? — A. Sólo á pedir á Vuesoría,
Con este mandamiento de la Sala,
Licencia, que importa en tales casos,
Para una ejecución. — M. ¿ Quién me ejecuta ? —
A. El sastre de Usiría. — M. Es un bellaco.

trouver dans un *entremes* comme une ébauche d'une des scènes de mœurs qui passent pour être le plus proprement parisiennes.

Ce sont, au contraire, deux scènes qui restent à l'espagnole que celles où dom Carlos montre si noblement sa reconnaissance à dom Juan qui vient de lui sauver la vie (III, 3 et 4). La protestation du frère d'Elvire contre les lois de l'honneur, dont il regrette la sévérité injuste sans vouloir pourtant s'y dérober, n'est guère qu'un écho de ces plaintes que font trop rarement entendre les gentilhommes de la comedia contre un *pundonor* dont ils suivent presque toujours les commandements, et même ceux qui offensent de la plus odieuse manière la nature et la religion (1). La trêve cheva-

(1) Cf. *Dom Juan*, III, 3 : «Et c'est en quoi je trouve la condition d'un gentilhomme malheureuse, de ne pouvoir point s'assurer sur toute la prudence et toute l'honnêteté de sa conduite, d'être asservi par les lois de l'honneur au dérèglement de la conduite d'autrui, et de voir sa vie, son repos et ses biens dépendre de la fantaisie du premier téméraire qui s'avisera de lui faire une de ces injures pour qui un honnête homme doit périr».

Et : *El pintor de su deshonra* (III, 13) :

> « ¿ Que á otro mi honor se sujete,
> y sea (¡oh injusta ley traidora!)
> la afrenta de quien la llora,
> y no de quien la comete !...
> ¿ Cómo bárbaro consiente
> el mundo este infame rito ?
> ¿ Donde no hay culpa, hay delito ?

leresque que dom Carlos impose à son frère lui était inspirée par une situation que Thomas Corneille et Boisrobert avaient alternativement fait représenter à l'Hôtel de Bourgogne, et que Scarron avait mise la même année (1654) sur la scène du Marais (1). Dans l'un comme dans l'autre de ces deux théâtres, le public avait applaudi une lutte de sentiments qui avait déjà ému les spectateurs de *Obligados y ofendidos y gorron de Salamanca*. Cette comedia, qui n'est point l'œuvre de Lope, comme le disent ou le répètent MM. de Puibusque, Fournel et Mesnard, ramenait sans cesse par d'ingénieux procédés une suite subtile d'offenses et d'obligations. Molière a-t-il lu l'original ? C'est en tout cas chez Francisco de Rojas qu'on voit pour la première fois un gentilhomme arraché à des assassins par le frère de celle qu'il a séduite et qu'il ne veut pas épouser ; c'est lui qui a mis le

> Siendo otro el delincuente,
> de su malicia afrentosa
> ¡Que á mi el castigo me dén !...»

Je rappelle que la comedia de Calderón dans laquelle se fait entendre cette protestation n'était point inconnue en France. J'ai déjà indiqué (dans mon étude sur *la Comedia espagnole*, p. 354 et 355) que Thomas Corneille lui avait emprunté une partie de ses *Illustres ennemis* (1654).

(1) Cf. *Les Illustres ennemis* de Thomas Corneille, *Les Généreux ennemis* de Boisrobert, et *L'Écolier de Salamanque* de Scarron.

premier dans la bouche de don Luis s'adressant à son fils (1) des reproches analogues à ceux de dom Alonse à son frère ; c'est enfin un de ses héros qui a imaginé un expédient analogue à celui de dom Carlos pour payer aussi bien le bienfait que l'injure.

Une comédie où cette dramatique situation trouve place à côté de la statue du Commandeur et des raisonnements de Sganarelle ne pouvait être qu'une comédie libre. Molière semble avoir voulu respecter l'unité de temps, puisqu'il a reculé de six mois la mort du Commandeur pour pouvoir montrer son mausolée ; il a, malgré tout, été obligé de l'étendre à un intervalle de trente-six heures. Il n'a fait, au contraire, aucun effort pour suivre l'unité de lieu. Il a senti qu'elle serait à la fois impossible et inutile dans une pièce qui aurait perdu toute sa couleur si on l'avait dépouillée de son dénouement fantastique. On dirait même qu'il a essayé de concilier le goût français pour la concentration de l'action et le plaisir que trouvaient les Espagnols dans la multiplicité des changements de scène. Sans cesser de mettre son héros en pleine lumière, il a varié les décors où il l'a pro-

_____

(1) Cf. la fin de la seconde «journée».

mené ; il l'a mêlé à des épisodes où des personnages divers font entendre des tons différents ; il lui
a enfin donné non point un caractère immuable,
mais une figure changeante et fuyante Dom Juan
est toujours reconnaissable, mais il n'est pas exactement le même de la première à la dernière scène.
Il semble que de l'une à l'autre il ait pris le temps
de vieillir et de tirer de l'expérience un salutaire
conseil de dédaigneuse hypocrisie. Ce n'est point
encore le héros romantique, mais ce n'est plus tout
à fait le personnage classique.

Faut-il regretter que la superstition des règles
ait détourné Molière de la voie où il semblait s'engager avec *Dom Juan ?* Ce regret serait aussi ridicule qu'il est vain. La conception que Molière s'est
faite de son art s'accommodait sans peine d'un
préjugé qu'il n'acceptait que parce qu'il en voyait
les avantages. Elle lui a inspiré des chefs-d'œuvre
que ne font point oublier les plus brillantes productions des théâtres étrangers. Mais ce serait se
faire de son génie une idée bien étroite que d'en
méconnaître la souplesse et la variété. Ne l'enfer-
mons pas plus dans le salon de Célimène que dans
le sac de Scapin. Molière avait un sens dramatique
trop délicat pour n'être pas frappé du charme de la

comedia. Il s'est demandé parfois s'il ne pourrait point présenter à des Français de son temps et de son milieu une image moins confuse de sa couleur et de sa liberté. Et c'est parce qu'il a lu du Lope et du Calderón qu'il y a chez lui de l'Aristophane et du Shakspeare.

Est-ce maintenant un paradoxe de conclure que le théâtre espagnol a été pour Molière le plus utile des fournisseurs? Il n'en a pas seulement tiré les plus nombreux et souvent les meilleurs des matériaux étrangers qu'il a mis en œuvre. C'est grâce à lui qu'il s'est dégagé de l'imitation de l'Italie pour se diriger vers la voie où il a rencontré la grande comédie. C'est à la même source qu'il a puisé un peu de la gaîté de ses comédies-farces, de la saveur satirique de ses comédies de mœurs. C'est enfin parce qu'en voyant les défauts de la comedia il en a aussi senti la poésie et le charme qu'il a essayé parfois d'accommoder au goût français quelques-unes de ses plus heureuses libertés.

Ce sont là des dettes qu'il faut d'autant plus facilement reconnaître qu'elles ont enrichi celui qui les a contractées. Molière n'est point un Moreto; il ne s'est pas contenté d'adapter avec talent les œuvres de ses prédécesseurs. Si l'on excepte la *Princesse d'Elide*, et j'ai dit pourquoi il fallait

le faire, il n'a jamais commis un plagiat semblable
à celui de Calderon copiant dans *Los cabellos de
Absalon* un acte entier de *La Venganza de Tamar*
de Tirso de Molina. Ce serait lui faire injure que
de comparer son imitation à celle des Thomas
Corneille et des Scarron. Ceux-là se font une
gloire de découvrir une pièce espagnole ; ils tra-
vaillent avec le texte sous les yeux, et, plus d'une
fois, ils ne le modifient qu'avec l'aide d'autres textes de la même origine. Molière, au contraire,
crée, pour ainsi dire, en toute liberté. Ses emprunts les plus directs sont souvent les réminiscences d'un auteur qui est aussi un acteur, et qui,
au lieu de vérifier l'origine d'une idée et d'en
changer l'expression, se demande seulement si
elle convient à la situation et au personnage. A
vrai dire, Molière n'imite pas. Les livres sont
pour lui comme un supplément de la vie. Il ne se
contente pas de ce qu'il voit. Il prolonge son observation de toute l'expérience de ses devanciers.
Lectures, réminiscences, visions se mêlent en sa
puissante imagination, et, quand elles en sortent
sous la forme vivante d'un personnage dramatique, on ne peut plus les séparer. Voilà la véritable
invention. Le génie ne consiste pas à trouver, au
sens brutal du mot, une scène ou un sujet nou-

veaux. On ne trouve jamais que ce qui existe ou a existé. Mais avec des éléments bien connus créer une œuvre originale, c'est là le don suprême et mystérieux, car c'est le secret même de la vie.

Ce fut le don et ce fut le secret de Molière. Il a si bien imprimé sur ses emprunts la marque de son pays, de son temps et de son esprit qu'ils sont devenus sans conteste sa propriété personnelle. Quand on joue une tragédie de notre grand Corneille, on y croit voir parfois flotter le panache espagnol. Qui donc s'aviserait, quand on joue du Molière, de lui trouver une allure ou une couleur castillanes? Et voilà bien la merveille du génie de celui qui n'a pas cessé d'être notre grand comique. Il n'a rencontré nulle part de plus précieuses ressources qu'au delà des Pyrénées. Et, s'il y a un drame qui ait arrêté la diffusion de la comedia en France pour lui substituer une forme d'art d'une inspiration et d'une portée absolument différentes, c'est assurément la comédie de Molière.

TABLE DES MATIÈRES

BIBLIOTHÈQUE VARIÉE, FORMAT IN-16, A 3 FR. 50 LE VOLUME
Histoire et documents historiques

BARINE (A.). *Saint François d'Assise*. 1 vol.
— *La Jeunesse de la Grande Mademoiselle* (1627-1652). 1 vol.
— *Louis XIV et la Grande Mademoiselle* (1653-1695). 1 vol.
BERGER (Eug.). *Le comte de Mirabeau* (1754-1792). 1 vol.
BOISSIER, de l'Académie française : *Cicéron et ses amis* ; 11ᵉ édition. 1 vol.
— *La religion romaine d'Auguste aux Antonins* ; 5ᵉ édition. 2 vol.
— *Promenades archéologiques : Rome et Pompéi* ; 7ᵉ édition. 1 vol.
— *Nouvelles Promenades archéologiques : Horace et Virgile* ; 4ᵉ édition. 1 vol.
— *L'opposition sous les Césars*. 4ᵉ édit. 1 vol.
— *L'Afrique romaine*. 2ᵉ édition. 1 vol.
— *La fin du paganisme*. 5ᵉ édition. 2 vol.
— *Tacite*. 2ᵉ édition. 1 vol.
BRUNET (L.), député : *La France à Madagascar*. 1 vol.
CHARMES (F.) : *Études historiques et diplomatiques*. 1 vol.
CHAVANON (J.) et G. SAINT-YVES. *Joachim Murat*, 1767-1815. 1 vol.
COTTIN (P.) et M. H. ÉNAULT : *Mémoires du sergent Bourgogne*. 4ᵉ édition. 1 vol.
COYNART (Ch. de). *Une sorcière au XVIIIᵉ siècle. Marie-Anne de la Ville* (1680-1725). 1 vol.
— *Les malheurs d'une grande Dame sous Louis XV*. 1 vol.
DAUDET (E.) : *Histoire des conspirations royalistes du Midi sous la Révolution* (1790-1793). 1 vol. avec 2 cartes.
— *Le roman d'un Conventionnel, Hérault de Séchelles*. 1 vol.
DU CAMP (M.), de l'Académie française :
— *Les convulsions de Paris* : 8ᵉ édit. 4 vol.
DURUY (V.), de l'Académie française : *Introduction générale à l'histoire de France*. 4ᵉ édition. 1 vol.
FLEURY (Com.) : *Les Drames de l'histoire*. 1 vol.
FUNCK BRENTANO (F.), *Légendes et archives de la Bastille*, 7ᵉ édition. 1 vol.
Ouvrage couronné par l'Académie française.
— *Le drame des poisons*. 6ᵉ édition. 1 vol.
— *L'affaire du collier*. 3ᵉ édition. 1 vol.
— *La mort de la reine*. 4ᵉ édition. 1 vol.
— *Les Nouvellistes*. 2ᵉ édition. 1 vol.
FUSTEL DE COULANGES, de l'Institut : *La cité antique* ; 19ᵉ édition. 1 vol.
Ouvrage couronné par l'Académie française.
GEBHART (E.), de l'Académie française : *L'Italie mystique*. 5ᵉ édition 1 vol.
— *Moines et papes*, essai de psychologie historique. 2ᵉ édition. 1 vol.
— *Au son des cloches*. 2ᵉ édition 1 vol.
GUIRAUD (P.), professeur à la Faculté des lettres de Paris. *Fustel de Coulanges*. 1 vol.
GUIZOT (F.) : *Le duc de Broglie*. 1 vol.
— *Lettres de M. Guizot à sa famille et à ses amis*, recueillies par Mme de Witt, née Guizot ; 2ᵉ édition. 1 vol.
HANOTAUX (G.) : *Études historiques sur le XVIᵉ et le XVIIᵉ siècle en France*. 1 vol.
HUBNER (Cⁱᵉ de) : *Sixte-Quint d'après des correspondances diplomatiques inédites* ; 2ᵉ édition. 2 vol.

IDEVILLE (H. d') : *Journal d'un diplomate en Allemagne et en Grèce* (Dresde, Athènes. 1867-1868) ; 2ᵉ édition. 1 vol.
JULLIAN (C.), professeur au Collège de France, *Vercingétorix*. 3ᵉ édition. 1 vol.
Ouvrage couronné par l'Académie française.
JUSSERAND (J.) : *Les Anglais au moyen âge*. 2 vol.
La vie nomade et les routes d'Angleterre au XIVᵉ siècle.
L'épopée mystique de William Langland. 1 vol.
Ouvrage couronné par l'Académie française.
LAMARTINE : *Histoire des Girondins*. 6 vol.
LANGLOIS et SEIGNOBOS : *Introduction aux études historiques*. 1 vol.
LARCHEY : *Les cahiers du capitaine Coignet* (1772-1850). 1 vol.
— *Journal du canonnier Bricard* (1792-1802). 1 vol.
LAVISSE (E.), de l'Académie française. *Études sur l'histoire de Prusse* ; 4ᵉ édition. 1 vol.
— *Essais sur l'Allemagne impériale* ; 2ᵉ édition. 1 vol.
LEGER (L.), professeur au Collège de France. *Russes et Slaves*. 3 vol.
— *Le monde slave*. 2 vol.
— *Souvenirs d'un Slavophile*. 1 vol.
LEROY BEAULIEU (A.) : *Un homme d'État russe (Nicolas Milutine), d'après sa correspondance* écrite (1855-1872). 1 vol.
— *La révolution et le libéralisme*. 1 vol.
LUCE (S.), de l'Institut : *Jeanne d'Arc à Domrémy* ; 2ᵉ édition. 1 vol.
— *La France pendant la guerre de Cent Ans* ; 2ᵉ édition. 2 vol.
LUCHAIRE (A.), de l'Institut : *Innocent III. Rome et l'Italie*. 1 vol.
— *Innocent III, la Croisade des Albigeois*. 1 vol.
MONOD (B.). *Le moine Guibert et son temps*. 1 vol.
MOUY (Ch. de) : *Discours sur l'histoire de France*. 1 vol.
PICOT (G.), de l'Institut : *Histoire des États généraux* ; 2ᵉ édition. 5 vol.
Ouvrage qui a obtenu en **1874** le grand prix Gobert.
PRÉVOST-PARADOL : *Essai sur l'histoire universelle* ; 5ᵉ édition. 2 vol.
ROSEBERY (lord) : *Napoléon, la dernière phase*, 4ᵉ édition. 1 vol.
ROUSSET (C.) : *Histoire de la guerre de Crimée* 2ᵉ édition. 2 vol.
SAINT SIMON : *Mémoires complets et authentiques*. 22 vol.
— *Scènes et portraits*, choisis dans les Mémoires, par M. de Lanneau. 2 vol.
TAINE (H.), de l'Académie française : *Les origines de la France contemporaine*. 12 vol.
VILLEHARDOUIN : *Histoire de la conquête de Constantinople*. 1 vol.
WALLON, de l'Institut : *La Terreur*, études critiques sur l'histoire de la Révolution française ; 2ᵉ édition. 2 vol.
— *Jeanne d'Arc* ; 7ᵉ édition. 2 vol.
Ouvrage qui a obtenu de l'Académie française le grand prix Gobert.
ZURLINDEN (Général) : *La guerre de 1870-1871* réflexions et souvenirs. 1 vol.

www.ingramcontent.com/pod-product-compliance
Ingram Content Group UK Ltd.
Pitfield, Milton Keynes, MK11 3LW, UK
UKHW020237180726
13839UKWH00001B/22